だいわ文庫

20代にしておきたい
17のこと

本田 健

大和書房

はじめに

20代という「瞬間」

この本を手に取ってくださり、ありがとうございます。

あなたとこういうかたちで出会えて、とてもうれしく思います。

この本を手に取ったあなたは、「成長しよう、学ぼう」という意識が高いと同時に、いろんな迷いも感じているのではないでしょうか。

20代のときの私も、成長する意欲はあったものの、空回《からまわ》り気味で、進路に迷い、パートナーシップに迷い、人生に迷っていました。

自分にとって、20代はいろいろ悩んでいるうち、一瞬にして過ぎていったという印象があります。

当時の自分に言ってあげられることがあるとすれば、「心配しないで。きっと、人生はよくなるから」ということです。

人生には、いろんな生き方があります。

がんばって生きてもいいし、楽しんで生きてもいい。

自分のやりたいことを貫《つらぬ》き通して尖《とが》って生きるのもありだし、まわりに遠慮しながら生きることもできます。

いずれにしろ、どの生き方をするかの選択権は、あなたが握っています。


私自身の20代を振り返ってみると、希望がいっぱいあるのと同時に、絶望もたくさんあった気がします。自分のすぐ隣りがブラックホールのようにパックリと口を開けていて、毎日がんばっていても、ちょっと油断すると飲み込まれてしまうかもしれない——そんな不安を感じていました。

調子がいいときは、「これは行けるぞ!!」と盛り上がるのに、何かうまくいかないことがあればすぐに、「もうダメだ!!」と落ち込んでいました。

感情という大波に振り回されたといってもいいかもしれません。

また、まわりによく思われたい、異性から素敵だと感じてもらいたい、尊敬されたいなどの欲が強すぎて、激情とでもいうような、自分の中から発散されるエネルギーを持てあましていたように思います。

あなたは、いまどういう状態でしょうか？

退屈している？　自分が嫌い？

それとも、ワクワクして、夢を追いかけているでしょうか？

どんな状態でも、私はいいと思います。それがすべて、あなたの人生のすばらしい栄養になっていくからです。

いま落ち込んでいたり、自分が嫌いな人でも、しばらくすれば、希望や愛を見出すでしょう。

退屈を感じている人は、いずれ本気にならなければいけない場面に遭遇《そうぐう》するかもしれません。そのときに、一生懸命になればいいのです。

いまワクワクしている人は、しばらくすると、思い通りにならなくなって、めげそうになるときがやってくるでしょう。すべて順調にうまくいくということはありえないからです。でも、またすぐに楽しいことに出合えるはずです。

現在の状態がどんなものでも、あなたの人生は、いま考えているよりもずっとすばらしくなります。人生はそういう具合にできているからです。

いまからお話しすることは、私だけの考えではありません。実際にまわりにいる「経済的にも社会的にも成功して、いま幸せな人たち」に聞いてまわったものも加えました。30代より上のあらゆる世代の人に、「後悔していることは何か」をインタビューしてみました。また、いま人生が順調にいっていない人たちにも話を聞いたので、すべての人が「20代にやっておいたらよかった」と思うことが出そろったのではないかと思います。

読んで何か感じることがあったら、すぐに行動に移してみてください。

きっと、いまよりも面白い毎日があなたを待っていることでしょう。

●20代にしておきたい17のこと●目次

1

人生最大の失敗をする

1

失敗したことのない成功者はいない

最初の項目が、「失敗すること」なのを見て、びっくりした人もいるでしょう。私は、20代のうちに絶対にやっておいたらいいのが、「人生最大の失敗をする」ことだと考えています。

人生後半の失敗は、経済的にも社会的にも、精神的にも立ち直るのに時間がかかります。しかし、20代ならば、いくらでも挽回《ばんかい》できます。だから、リスクを取ることを恐れないで、何でも挑戦してみましょう。

成功した人に話を聞いてみると、彼らのほとんどが10代、20代で大失敗をしています。絶対にその立場にはなりたくないというような、聞いているだけで卒倒しそうな失敗話をよく聞きました。

でも、不思議なことに、本人は、それをいたって楽しそうに語るのです。失敗を後悔するというより、「よくもあんな大胆なことをしたよな、でも俺もたいしたもんだ」という、どこか誇らしいとさえ思っているふうです。

たとえば、1億円を借りて、いきなりビジネスをやり出したとか……普通に考えたら、無謀《むぼう》以外の何ものでもないと思いますが、私は、それを聞いて、その無謀さのスケールの大きさに打ちのめされる思いがしました。

人生で早いうちに大きな失敗をすると、あとはプラス勘定になります。

逆に、最初から失敗しないように、安全な道ばかり選んでいると、失敗もない代わりに、何のドラマもない人生になってしまいます。

リスクを冒して失敗することは20代でできる、いちばんの財産です。

将来、「目を見張るような活躍」をするためには、「目を覆うような失敗」を恐れないことです。

1

人生でいちばん若く、いちばん歳を取っていると感じる「いま」

先日、私のセミナーで、受講生から質問がありました。

「私は絵を描くことが大好きなんですが、就職を前にして、好きなイラストの仕事をしたほうがいいのか、事務の仕事についたほうがいいのか迷っています」というのです。聞けば、いまは大学3年生だそうです。

自分の好きなことを仕事にするか、安定した道を選ぶかということですが、これはたぶん、誰もが一度は悩む永遠のテーマではないでしょうか。

そこで私は、「自分ではどう思っていますか」と聞いてみました。すると、

「いやあ、もう、そんなことを言ってる歳じゃないと思って。ハァ～」

とため息まじりに答えます。会場からも、笑いとともにため息が出ました。

それで、こんどは、会場の人たちに聞いてみました。

「じゃあ、ここで聞いてみましょう。この中で彼女の歳からやり直せるんだったら、失敗するかもしれないけれど、好きなことを選ぼうと考える人は？」

すると、ほぼ全員が手を挙げたのを見て、彼女もびっくりしていました。


もう一つ例を挙げましょう。

あるパーティで、「もう歳を取りすぎて、僕には未来がありません」という人がいました。ずいぶん若く見えたので、「何歳ですか？」と聞いたら、「24歳です」と言うのです。

新入社員の研修が終わって配属された支店が出世コースからはずれていたので、もう人生の先が見えたと嘆《なげ》いているわけです。

どんな成功者でも、人生の最初から最後まで順風満帆《じゅんぷうまんぱん》にいった人なんか誰もいません。どちらかというと、苦難につぐ苦難を乗り越えて、成功をつかんだという人が多いのではないでしょうか。

成功する人は、誰も行きたくないようなところへ飛ばされたりしながらも、その場所で結果を出して復活しています。

世の中には、23歳で「人生は終わった」と思う人もいれば、83歳で、「さあ、ここからだ」と思う人もいます。

たとえ最初の希望通りにはならなかったとしても、「俺はね、入り口はどこでもいい。出口で勝負だ」と言えるかどうか。

若くして絶望するのは、「若さ」が冷静な理解を邪魔していることもあると思います。どれだけ若くても、自分の感覚ではいまの年齢が、いままでの人生でいちばん歳を取っているわけですから、「トシ食ったな。もう終わりだ」と感じてしまうのもしかたのないことだといえます。

若いときというのは、自分の若さに気づけないのです。

でも、30代以降の人は「もしも20代に戻れたら……」とみんな思っている。

あなたはいま、その場所にいるわけです。

1

ピリピリする自分も受け入れる

20代というのは、悩むこと、苦しむことがたくさんある時期です。

自分を受け入れられず、否定したくなる時期でもあるし、自分や未来に対して疑いや不安を、いちばん持ってしまう時期でもあるのでしょう。

これが、30代、40代、50代になってくると、感覚が鈍《にぶ》るので、同じような状況があったとしても、「まあ、いいか」と思うようになります。

たとえば、自分の体型を見ても、「まあ、いいか」。

自分のつき合っている人を見ても、「まあ、いいか」。

自分が成長しない、成功しないことに関しても、「まあ、いいか」。

ある種の悟《さと》りの境地のような「あきらめの世界」にいってしまうのです。それは、毎日を生きていくために必要な自分を守る知恵だともいえます。
でも、20代は感性が鋭いから、「いまの自分」を許せません。過去も許容できない。両親も、社会も許容できない。全部が敵のように感じるのです。

そういった意味では、すべてのものを受け入れられないのが20代です。そんな自分にいちばんイライラして、ピリピリする。そして、必要以上に反応してしまう自分がまた許せないという悪循環に陥《おちい》ってしまうのです。
でも、この時代に、ボロボロになりながらも前に進もうとする人は、そのぶん将来、伸びていきます。だから、感度が高い自分をほめてあげてください。

できれば、いまよりももう少し自分に優しく接する余裕を持てるといいかもしれません。「ダメな自分でもいいや」と、自分にちょっと甘くしてあげられるぐらいでないと、幸せ感を味わえなくなってしまうからです。

同時に心の持ち方を少しだけ変えて、20代でしか体験しにくい状態をぜひ楽しんでもらいたいと思います。

たとえば、「お金がない状態」を楽しめるのも20代の特権です。「お金がない状態」と「貧乏」とは違います。20代は、貧乏にならずに、お金がない状態を楽しめるのです。


私も20代の初め、お金がない時代がありました。そのときに、いまのこのお金がない状態を、一生の宝にしようと決めました。

当時、私が住んでいた築40年のアパートにはお風呂がついていなかったので銭湯に行くわけですが、飲み会で遅くなったら銭湯は閉まってしまいます。

もう一生こんな不自由な生活はできないのだからと、その期間を毎日、いとおしむように暮らしました。いまではとてもいい思い出です。

いま何も持っていなくても、その状態を楽しんでみてください。

1

ワクワクすることをやって、輝こう

「健さんのように本を書くにはどうすればいいですか」と、若い人から質問されることがあります。

私は、作家になりたいという人には、原稿を書くことよりも、自分がワクワクして面白い人生を生きるほうが、近道になるとアドバイスしています。というのも、作家になるには、文章の上手下手よりも大切なことがあるからです。

学生の頃、英語の通訳をしていたとき、英語がうまいだけの人よりも、人生の幅が広い人、いろいろなことを体験した人のほうが、最終的には重用されました。作家も同じです。作家になるには、うまい文章を書けるかどうかより、自分に主張したいことがあるかどうか、自分に語るべきものがあるかどうかだと思うのです。私は、自分がワクワクして面白いと思うことにはいつも飛び込んでいきました。そういう生き方をしていると、書くネタが尽きません。

これは、作家になるだけでなく、人生全般にいえることです。面白い体験をしている人は、魅力的です。営業をやっていても、変わった体験をしている人は、それをきっかけにお客さんと仲よくなったりして、成績がいいのです。

夢を持っている人も同じように魅力があります。

あなたは、どんな夢を持っているでしょうか？

まだ、「これだ！」というものがなくても、焦《あせ》る必要はありません。なぜなら、あなたは、もう夢を実現する物語の主人公になっているからです。ただ、本人が「自分が主人公なのだ」と気づいていないだけです。

目の前のワクワクすることをやってみること。それが夢を生きられるかどうかの最初の一歩なのです。

2

大好きなことを見つける

2

好きなことを見つけるなら、早いほうが人生を楽しめる

20代でしておきたい二つめのことは、「大好きなことを見つける」です。

大人になったら好きなことばかりやっていられない、むしろ嫌いなことをこなしていくのが10代とは違う、20代になった証拠と思っている人もいるかもしれません。

でも、「20代だからこそ、好きなことをやりましょう」――そう私は言いたいのです。

なぜかというと、多くの人が30代に入って、「このままでいいんだろうか？」と考えるようになります。そして、「もっと、自分らしいことをしたい」と思いながらも、日常生活のストレスとプレッシャーで、感覚が麻痺してきます。

そして、しばらくすると、何も感じない、考えられないようになってしまう。あなたのまわりにも、そういう30代の人がいるのではないでしょうか？

もちろん、何年かたったときに、「好きなこと」が変わる可能性はあります。でも、「才能の原型」というのは一緒なので、スタートは早くていいのです。

遅いから悪いということではありません。

ケンタッキーフライドチキンの創始者カーネル・サンダースは、60歳を過ぎてから本格的なライフワークを見つけました。すばらしい人生ですが、それだと、その後の人生を楽しむ時間があまり残されていません。

大好きなことを見つけるのに早いほうがいいというのは、そのほうが単純に人生を楽しめる時間が長くなるからです。

2

静かに、深く、情熱的に生きてみよう

大好きなことというのは、「心の磁石」が弱っていると引きつけられません。

30代、40代というふうに、歳を重ねていけばいくほど、「最近、熱くなれない」ということが多くなってきます。それは何に対してもです。

たとえば、お金に対して、あるいは、自分が本当にやりたいことに対して、素敵だなと思う人に対して、どこか、面倒くさくなってあきらめてしまう。

それをつかみたいと思ったら、エイッと前に飛び出ていかなければならないのに、変に「執着」したり、行動することができなくなってしまうのです。

「絶対にこれが欲しい」という気持ちが持てずに、「まあ、いいか」と、あきらめがよくなってしまうのです。

でも20代ではまだ、とことん追いかける。そのエネルギーが残っています。

相手が「あなたのことは好きじゃない」と言っても、「でも僕を見て」とか、「君には私しかいないと思う」と言えるのです。

端から見れば、馬鹿馬鹿しいほどの本人だけの思い込みにすぎないことであっても、そこまで執着することが、20代だからこその体験になります。

「また、次にいこう」「これじゃなくてもいいか」というように自分を納得させてしまうのは、あきらめがいいといえますが、別の見方からすると、執着がなさすぎるのです。

「どうせ無理なんだ」「どうせダメなんだ」というのは、あきらめなのです。

どうしてもあきらめられない！　というぐらいのエネルギーを自分の中に感じてみましょう。きっと、何かに対してあるはずです。

女性の場合は、10代、20代のときには、髪が1センチ短いだけで、「ありえない」と感じたりすることがあると思います。

先日、友人が家の改装をして、子ども部屋の壁を薄いピンクに塗ったそうです。外から帰ってきた小学生のお嬢さんが、部屋を見るなり、「嫌だ！」と言って、しばらく泣いていたそうです。あとから聞いてみると、自分の持っているピンクのものと色が微妙に違っていたことが気に入らなかったようですが、友人にはその違いがわからなかったとのこと。

大人から見れば「たいした違いはない」ことかもしれませんが、そこに彼女なりの「こだわり」があるわけです。

そうしたこだわりは、いつのまにか歳を取るとともに、なくなっていくようです。

そして、そういうこだわりがなくなることを、「私も大人になった」「人としての器が大きくなった」と思うのかもしれませんが、それは単に鈍くなっただけなのかもしれません。

2 自分の子ども時代を振り返って、大好きなことを探す

大好きなことが見つからない、特に思いつかないという人は、子ども時代を振り返ってみましょう。

心が自由だった子ども時代に、あなたの大好きなことを見つけるヒントが眠っていることが多いのです。

次の質問に答えてみてください。10年近く忘れていたことを思い出すかもしれません。

小さい頃、どんなことをして遊んでいましたか？

何をしているときがいちばん楽しかったですか？

夢中になって何時間もやったことはありますか？

子ども時代、よくほめられたことは、何でしょう？

「将来、こうなりたい！」と思った憧れの職業は？


自分ではよくわからない場合は、たとえば親戚の人と話してみるとか、あるいは友人たちに聞いてみるとかということをするのもいいかもしれません。

私のセミナーの受講生は、親戚の法事のときに、自分の子ども時代のことを聞いて、自分は話すのが好きだったことを思い出したと語ってくれました。

それまで意識しなかった「人前で話す」という才能を思い出し、いまでは経営コンサルタント、セミナー講師として活躍しています。

好きだったことを一つひとつ思い出していくと、大好きなことが芋づる式に見つかってきます。

「大好きなこと」にフォーカスしはじめると、逆に、「これは、嫌だ！」というものもはっきりしてくると思います。

2

嫌いなことをやる人生、好きなことをやる人生をシミュレーションする

「嫌いなことをやっていく人生」と「好きなことをやっていく人生」をシミュレーションしておくというのも、20代にしておきたいことです。

嫌いなこと、好きなことをやって生きると、あなたはどうなるでしょうか。

たとえば、仕事の場合を考えてみましょう。

好きなことを仕事にしている人生と、嫌いなことをやっている人生の両方を具体的にイメージしていくのです。もし、いま好きなことをやっていなければ、このままの生活が続くことに関して、どう感じますか？

好きなことを見つけて、ワクワクしている自分がいるとしたら、どんな感じがするでしょう？

20代後半になったとき、パートナーはいるでしょうか？　あなたが、好きなことをして毎日生きているとしたら、あなたのパートナーとの関係はどうなっているかイメージできますか？

逆に、嫌いなことをやりながら生きているあなたのパートナーシップは、どんな感じがしますか？

子育ては？　老後はどうなっていくでしょうか？

死ぬときに人生を振り返って、「どういうふうに思うんだろう」ということを、いまのうちにシミュレーションしておきましょう。

私は20歳のときに、「これをやっておけばよかった」と思い残す人生には絶対にしたくないと決めました。それ以後、後悔のないように生きてきて、いまとっても幸せです。あなたは、どのように生きますか？

あなたに何か後悔することがあったとしたら、何をいちばん後悔するでしょうか？

3

一流のものに触れる

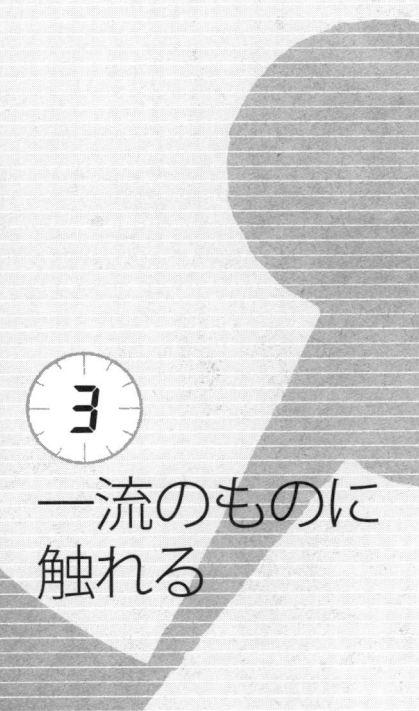

3 人生は自分が触れたものになる

「人生は自分が触れたものになる」と私は考えています。

三流のものに囲まれて、三流のものに触れていたら、三流になる。

一流のものに囲まれて、一流のものに触れていると、やっぱり、一流に近づいていくようになります。

愛がいっぱいあるものに触れていると、愛がいっぱいの人になるし、不幸な人たちに小突き回されていたら、自分も不幸になって、暴力的になったりするものです。

自分の環境をどうつくるか——それで、その人が変わります。

20代という感性が鋭いうちに、一流の絵に触れたり、一流の場所に行ってみたり、一流の人を、遠目でもいいから眺めてみるのです。

私がラッキーだったのは、20代の初めに、この世界でトップクラスの業績を持つ人たちと触れ合えたことです。

たとえば、その一つですが、ノーベル賞受賞者たちに何人も出会いました。また、ノーベル賞選考委員にもお会いして、実際にノーベル賞がどう選考されるのかということを聞かせてもらったこともあります。

そうした話を聞いて、ノーベル賞を決めるプロセスも、実は小学校の学級委員を決めるのとあまり変わらないことにびっくりしたものです。

ノーベル賞を受賞する人も、選考する人も、生身《なまみ》の人間だとわかると、その世界がより身近な存在になりました。

また、アカデミックな世界だけでなく、芸能界、スポーツ界、アートの世界で一流の結果を出している人たちと出会う機会を持ち、人生のすばらしさと厳しさを肌で感じました。

3

自分が憧れる世界を見ておこう

一流の仕事をやっている人は、人当たりが柔らかくても、独特のパワーを持っています。自分の選んだ分野で、圧倒的な結果を出すというコミットメントを持っているので、かもし出す雰囲気が違うのです。

アートであれ、政治であれ、ビジネスであれ、本気で生きている人のまわりには、違う空気が漂っています。若い頃に、そういう迫力に触れておくのは大事なことです。

私の場合も、若くして一流の人と知り合えたことで、「どうせ一度きりの人生なら、あんな感じで生きたい！」と強く思いました。それまで、普通の人しかまわりにいなかったので、とても刺激を受けたのを覚えています。

一流の仕事をするだけが人生ではありませんが、その後、人生を充実した、すばらしいものにしたいという健全な欲求を生み出してくれたと思います。

あなたが憧れている世界は何でしょう？　もし、そういうものがあるなら、いまのうちにのぞいておきましょう。それが、人生を変えるきっかけになるかもしれません。

「いまつき合っている人が、あなたの未来を決める」と私は考えています。

まわりの人たちが性格のいい人たちだったら、その人は穏やかな人になるし、刺々《とげとげ》しい人たちだったら、その人も意地悪な人になるでしょう。

普通の人だったら、普通の人になり、一流の仕事をする人とつき合えば、一流の人になっていくのです。

また、住環境もとても大事です。風水なども参考にして、自分の生活を快適にしてください。リラックスできる部屋で生活し、ワクワクするような仕事を持ち、すばらしい人にかこまれていたら、あなたの未来は明るいでしょう。

3

20代に誰と出会うかで人生は決まる

20代のときに、どんな人と出会うかで、その後の人生は大きく変わると私は思っています。

社会に出ると、いろいろな先輩たちに出会います。

・幸せで社会的に成功している人
・幸せだけど、社会的には成功していない人
・不幸だけど、社会的には成功している人
・不幸で惨《みじ》めな人生を送っている人
・ただ楽しく生きている人

そういう人たちと出会う中で、自分はどんな人生にしたいのかを学び、選択するのです。

人生とは何なのか……誰にそれを教わるかで、答えは全然違ってきます。

「人生とは楽しいものだ」と教わるのか、「人生はつらいだけだ」と教わるのか、それによって人生観は、知らないうちに変わってくるのです。

いろんな人と出会うことをおすすめするのは、会ってみないと、その人の本当のところはわからないからです。

プラス思考の人、マイナス思考の人、ずるい人、人をだます人、優しい人など、いろいろな人たちに出会うことで、自分がどういう人たちと気が合うのかがわかってきます。

たとえば、「ちょっと怖いな」と思っても、本当に怖い人なのかはわからない。ちょっと怖いけれども会ってみて初めて、怖いだけの人なのか、自分はその人と気が合うのか、嫌なのかということがわかってきます。

4

人生を
100パーセント楽しむ

4

楽しいから、どんなことも全力でやりきれる

幸せな人の特徴として、「100パーセント楽しんで生きている」というのがあります。

楽しんで生きるというのは、がんばっていたり、気合いの入った状態ではありません。目の前のことを純粋に心から楽しんでやっている状態です。

努力することなく、ワクワクしながら最後までやりきるという感覚です。

でも、ここが大きなポイントなのですが、それを「がんばって、やりきる」のではなく、「楽しいから、気がついたら、張り切ってやっちゃった」という感じです。

気軽にやっているうちにはまってしまったという感覚です。

20代のうちは、楽しいことがあっても感情的にムラがあります。「これはやれるな」「やりたいな」と思うことには100パーセントなんだけれど、「なんか面倒くさいな」と思うことに関しては30パーセントというふうになってしまいがちです。

たとえ面倒だと思うことに対しても、どうせやるなら、100パーセント楽しんでやるんだという癖をつけておく。そうすると、どんなことにも全力を出せるようになります。

歳を重ねれば重ねるほど、全力で取り組むようなことはできなくなります。それは本人がサボっているというより、そういう機会に出合えなくなるというほうが、しっくりくるかもしれません。

だから20代のうちに、もうとにかく、これ以上できないというくらいまで、何でもとことん楽しみながらやってみるといいでしょう。

4

いいことも悪いことも、誰かが見ている

まわりの人、特に目上の人というのは、あなたの行いをよく見ています。

どんなときでも、「こいつは絶対に手を抜かないな」というふうに見えれば、その人を抜擢《ばってき》したくなるものです。

それが出世していく糸口になったり、人生の転機につながるチャンスにつながったりするのです。

そういう意味で、だまされたと思って、とにかく20代は、すべてに100パーセントを出しきってみてください。

誰かが見ているというふうに思って行動しましょう。

誰も見ていなくても、最終的に、結果が誰かの目に触れたときには、その人

がどれだけ努力していたかはわかるものです。

だから、「見られている前提」で動けるかどうかです。

個人投資家で日本一といわれ、タマゴボーロで有名な竹田製菓の代表取締役、竹田和平さんは、いつも「天が見ている」と思ってきたそうです。

たとえば「タマゴボーロ」を作るときに、安い卵と有精卵の高い卵のどちらを使うべきか。原材料費を安くするためには、安い卵を使えばいいわけですが、まだお金がないうちから高い卵を使っていたそうです。

なぜなら、「そのほうがおいしいから」。

「誰も見ていないけど、天だけは知っている。だから誤魔化《ごまか》さずにやってきたのです」と竹田さんは話してくださいました。

そういうふうな生き方をしている人は、そのこと自体は他の人にはわからなかったとしても、必ず人柄とか雰囲気に、その生き方が表れます。

逆にいえば、あなたのまわりに世知《せち》がらい人、せこい感じの人はいませんか？

それもまた、その人の生き方がマイナスのオーラとなって表れているのです。そういうオーラはからだに染《し》みついてしまって、いざ変えようと思っても、簡単には抜けないものです。

人間には誰でも、どこか超能力者的なところがあって、何も言われなくても、何か感覚的にわかるのではないでしょうか。

だからその感覚を研《と》ぎ澄ますという意味でも、自分は堂々と生きる。それが大事だと思うのです。

4

自分で積極的にチャンスをつくる

成功している人は、若い頃からチャンスに対する感度がとても高いようです。誰に言われなくても、チャンスを生かす準備をしているのです。

たとえば、自分に「企画書千本ノック」を課して、仕事外の時間で企画書を死ぬほど書くとか、とにかく英語を勉強する、あるいは簿記をマスターするという感じの準備です。

上司に言われたわけでもないのに、自発的にやっていたというのが成功していく人の共通点です。

たとえば上司と雑談していて、自分が考えていた企画の話になったとします。上司があなたのものの見方に感心して、「それは面白いから企画書を書いてみろ」と言ってくれたとしましょう。

普通の人は、それから一生懸命に企画書を書きます。

成功していく人は、そのときに、「実は、企画書はもう書いてあるのです」とカバンからサッと出すのです。それだけで、上司のあなたを見る目が変わるでしょう。もし、その企画書が優れたものであれば、あなたが責任者になって、そのプロジェクトがスタートしたりするのです。


ただ待っているだけでは、やりがいのある仕事も、成功への足がかりも向こうからやってはきません。

チャンスをつかめる人は、誰が認めてくれなくても、普段から地道な努力をしています。そして、チャンスが来たときには、すぐに前に飛び出せるように準備をしています。

「簿記だったら任せてください」「企画でしたら、これがあります」というふうに、いつでも「手を挙げられる自分」をカバンから出せる用意ができているのです。

私は20代の頃、通訳をやっていた時期がありますが、そのとき、必ず通訳のクライアントに資料をファイリングしてプレゼントしていました。事前に調べものをするときに、余分にコピーを取っておいて、あとで製本して関係者にお礼状とともに送っていました。そんなことをしてくれる通訳はいないので、「また彼に頼もうか」ということになり、たくさんいい仕事を受注しました。

私が、学生時代からお金に困らなかったのも、そういうプラスアルファーに常に気を配っていたからだと思います。

あなたは、チャンスが来たら、それをつかむ自信がありますか？

チャンスというものは、いつも、準備ができていないときにやってきます。だから、いまから準備しておくのです。いつでもチャンスに飛び込んでいけるように。

4

自分の門を開く鍵を持ち、チャンスが来たら、つかむ

私自身の話ですが、10代の頃、坂本龍馬に憧れて剣道を始めました。でも、21世紀は、もう剣道じゃないだろうと思い、剣道をやりながらも、何をするべきか？　を考えました。

絶対に身につけておかなければならないものは何だろうと考えたときに、それはディベートと英語だと思い至りました。

国際的に通用する人材になるためには、論理的に話せることと、英語を話せること、この二つは絶対に必要だろうと思って、それを徹底的にやりはじめました。17歳のときのことです。

その意味では、アメリカに行ったのは、「偶然」ではありません。英語をふだんからずっと勉強していて、もしも、何かの留学制度があったら申し込もうと思っていたときに、新聞でボランティアの募集記事を見つけたのです。

同じ記事を数百万人の人が見たはずですが、実際に応募したのは、たった100人で、その中から選ばれた8人の一人として、私も渡米することになりました。

結果的に、この旅が現在に続くすばらしい人生への門を開いてくれました。

「来たら、飛び込むぞ！」と思っていたから、つかめるチャンスがあります。

普段からボーッとしていたらダメなのです。ましてや、「ああ、チャンスだ！」と思ったときに、準備を始めるようでは、もう遅いのです。

チャンスの神様は前髪しかないといわれますが、来たらすぐにつかむ気合いがないと、それを自分のものにできません。まして、インターネット時代の神様は、サッカーボールのように飛んでくると思ったほうがいいでしょう。

5

死ぬほどの恋をする

5

どんな恋をしてきたか

いま、あなたには、大好きな人がいますか?

人間が一生懸命になるのは、誰かのことを本当に愛しているときです。

たとえばそれは好きな人のためにチョコレートを作ってあげるとか、料理を作ってあげるとかということから始まって、子どものために何かしてあげようとか、親孝行してあげようというときに、人は自然に動けるのです。


誰かのことを愛する、恋するというのは、人間のモチベーションの中でもっとも高いものの一つではないでしょうか。

誰かのことを好きになって夢中になっている人と、誰のことも好きにならならず、好かれてもいない人とを比べると、楽しさとか躍動感《やくどう》が全然違うでしょう。

恋愛は自分一人ではできない。相手がいてこそ成り立つものです。

だから、相手に受け入れられるかどうか確証がないときに、その人のことを好きになるというのは、リスクでもあります。同じように好きになってもらえるかわからないからです。

でも、そのリスクが気にならないぐらい相手のことが好きになれるかどうか。その人と一緒にいられたら死んでもいいというぐらい、一人の人を好きになれるかどうか。これこそ、20代にしかできないことだといってもいいかもしれません。まだ結婚まで考えなくてもいい……相手のことが好きだということだけでいける年代が20代なのです。

だからそのときに、将来どうなるかは関係ない、ただ相手に向かって突っ走るという体験を持つこと。それはあとになって、とても幸せなことだったと気づくでしょう。

5

心をオープンにして情熱的に生きる

私が20代のときに、60代、70代の人に、「これまでの人生でいちばん後悔していることは何ですか」ということを聞いてまわったことがありました。

そうしてもっとも多かった答えが、「死ぬほどの恋をしなかったこと」だったのです。もしかしたら、40代に聞いても、同じかもしれません。

ロマンスの映画や小説があれだけ売れるというのは、それだけ素敵な恋をしている人が少ないということなのでしょう。

では、なぜ死ぬほどの恋ができないのか。

それには二つ理由があると思います。

一つは自分の心がオープンでないこと。

心がオープンになっていなければ、どんなに素敵な人に出会っても、ときめくことはありません。

死ぬほどの恋をするのがいいというのは、自分のハートをオープンにできるからです。

そういう体験を持てた人は、たとえ、その恋がかなわなくても、またいつか、何か別のことに情熱的になれます。

ライフワークを生きる、よい人間関係を築くうえでも、どれだけ自分をオープンにできるかが大切になってきます。

一度でも情熱の扉が開いた人というのは、その他のことでも情熱の扉が開く可能性があるのです。

けれども恋愛で１００パーセント、本気になれない人というのは、他でも本気になれないのです。

人を好きになるというのは、とても怖いことです。

なぜなら、大好きな相手に受け入れてもらえるかどうか、わからない。拒《こば》まれれば、死にたくなるほど傷つくこともあるでしょう。

相手に受け入れられるかどうかを一旦脇に置いておいて、その人のことを好きなのかどうかをまず感じてみましょう。

まず自分から好きになれるかどうか、自分がすごくときめくような誰かの周辺にいられるかどうか。

これはその人とつき合っているかどうかは別の話で、その人の周辺に、一緒にいたいという感覚を持てることが大事だと思うのです。

5

年を重ねるほど、恋愛の磁石は弱くなっていく

死ぬほどの恋ができない理由は、もう一つあります。

30代、40代になると、自分の好き嫌いがわかってきます。そうすると、自分にとって圏外の人には冷めてしまうのです。

歳を重ねれば重ねるほど、新しいことへの感受性が鈍くなっていくということを書きましたが、恋愛の分野こそ、それがもっとも顕著《けんちょ》に表れるといえます。

30代、40代……そこまでいかなくても、すでに20代で、恋愛の磁石は弱っていくのです。だから、死ぬほどの恋ができないのです。

20代という年代は、捨てるものが少ない、失うものが少ない。でも、30代、40代、50代になってくると、自分のライフスタイルも固まるし、これがいい悪い、好き嫌いというのがはっきりしてきます。

20代は、自分のこともよくわからないから、相手に合わせたり、または相手と一緒に二人のルールをつくることができるのです。

相手が多少がさつでも、整理が下手でも、収入が低くても、ちょっと傲慢《ごうまん》でも、何か惹《ひ》かれ合うものを感じ取ることができれば、案外うまくいくものです。

30代になってくると恋愛からすぐに結婚という話にもなりやすい。そうなると二人だけの問題でなく、お互いの家ということも絡《から》んできます。

恋愛を純粋に楽しめなくなってしまうのです。

だから、どうなってもいいから相手のことが好きだという「前のめりな体験」を20代にしておくといいんじゃないかなと思います。

たとえばトップセールスマンの人というのはモテます。

仕事ができる人はモテるのです。

それだけ生命力エネルギーがあるということですが、エネルギッシュな人というのは、人を惹きつけます。それは恋愛でも仕事でも一緒なので、だから恋愛体質になるということは大事なことだと思うのです。

誰かのことを一瞬にして好きになる感性がないと、好きになってもらえません。

だから、「情熱を感じる」回路を弱めないことです。

自分が本当に心からワクワクすることをやり続けないと、だんだんとその回路が鈍ってきます。

20代を、自分のハートの赴《おもむ》くままに生きるのか、しなければならないことに、がんじがらめになって生きるのか。

自分のハートに赴くままに生きる20代と、何かやらなければならないことにまみれていく20代とでは、どれだけ違っていくのかということです。

心がワクワクするという感覚も、いま感じているように10年後も感じられるかというと、その保証はありません。

むしろ、年齢がいくにつれて、何かワクワクするものに出会っても、「これは前に経験したあれだな」というデジャブ（既視感）で判断してしまう。だから、そのぶん、心の動き方というのは弱くなっていってしまうのです。

それだけ経験が増えたということでもあるので、ある意味でしかたがないことかもしれませんが、20代のうちにそれをしておくことが、磁石の力を弱らせない秘訣だと私は思います。

5

愛したい人に出会えない理由

死ぬほどの恋をしなさいといっても、でも、自分のまわりにはいい人がいないんですという答えが返ってきそうです。

いい人がいないという人は、たぶんたくさんの人数に会っていないからでしょう。サンプルが少ないために、いい人に出会えていないだけで、自分の交際範囲を拡げると、どんどん可能性は広がります。

また、いい人と出会うために20代に通用する方法として、「キャンセル待ち」というのもありだと思います。

いいなと思う人に、すでにつき合っている人がいたとしても、その二人が結婚するかどうかの確率は、20代であれば、それほど高くありません。

いい男、いい女というのは、たいていもう誰か相手がいるものです。

逆にいえば、この5年ずっとフリーでいる人よりは、誰かとつき合っていて最近別れたという人のほうが、よりいい恋愛対象になる可能性が大です。

相手がその恋愛に悩んでいるときに相談に乗るなどして、さりげなく、キャンセル待ちの列に並んでおくのです。

そして、死ぬほどに愛せる人がいないというときでも、恋愛から遠ざからないように心がけましょう。

仕事ばかりしている、家族と一緒のほうが楽しいというようになってしまうと、恋愛する隙《すき》がなくなります。

たとえ、つき合っている人がいなくても、「本当に好きだ」というエネルギーのエンジンを燃やす練習をしておきましょう。

5

パートナーのイメージを持つ

将来のパートナーのイメージを持っておくことも大切です。

自分のパートナーには、どういう人がいいのか。

「こういう男性がいい」「こういう女性がいい」というイメージがないと、出会う人がみんなよく見えたり、逆に、みんな違うと思ったりということがあります。

いちばん避けたいのは、「ちょっと違うんだけどなあ」と思いながらも結婚してしまい、あとで「どうして、こんなやつと結婚してしまったのか」と後悔することです。ちなみに、驚くほど多くの人がそういう結婚をしています。

愛せる人に出会うには、行動範囲を拡げることです。
これは、ライフワークでも同じことで、要はマーケティングなんです。
たとえば、自分が理想とする相手なら、どこでごはんを食べるだろう？　どこに遊びにいくだろう？　どういう人たちと一緒にいるだろう？　ということを考えて、そういった人が集まっていそうなところに行けばいいのです。

自分が好きになるような女性は、料理を学んだり、ワインの会や美術鑑賞会に出ているだろうなと思ったら、料理の教室や美術館主催のイベントに行ってみたり、あるいはお菓子作りの会に行ってみるのです。そういうふうにすると、料理が好きだとか、料理に興味のある女性に出会えるはずです。

男性に理知的なものを求める人は、読書会や、誰か作家の講演会などに行くのもいいかもしれません。知的好奇心旺盛な男性は、そういうところにいるはずなのです。

スポーツが好きな人がよければ、山登りのサークルに入ってみる、テニスのスクールやサークルに入るのもいいでしょう。

そうしているうちに、こんどは、そんな自分の理想の相手に相応《ふさわ》しい自分になりたいと思うようになります。

恋をするというのは、すべてのモチベーションの源になります。

自分がモテたい、こういう人に愛されるようになりたいと思う気持ちが、モチベーションにもなっていくのです。

「死ぬほどの恋」は、いまはまだ架空でもいいのです。

きっとこういう人が私を好きになってくれるだろう、こういう将来が待っているだろうと思って、それのための準備をしておけば恋は自然についてくるのではないでしょうか。

5 一緒にゼロから築いていける人を選ぶと、人生は楽しくなる

自分がどういう人を好きなのかがわからないと、とりあえず自分の周辺にいる「シングルの人」に飛びついてしまいがちです。

普通の結婚までのパターンの始まりは、ほとんどがそうだといってもいいかもしれません。

極端な話をすれば、たいていの男女は仕事が忙しすぎて、半径10メートル以内にいた独身の彼女彼氏とつき合っているのです。

それも「縁があった」ということかもしれませんが、つき合っていくうちに、「こんなはずじゃなかったのに」ということもあります。

そうならないために、自分はどういうタイプの人と一緒にいると楽しいの

か、うれしいのかということを明確にしておきましょう。

一緒にいて、将来に対してワクワクできる相手、面白い、楽しい気持ちがわいてくる相手。そういう人を選ぶことがいちばん大事なのではないかと思います。そこには、「これがないとダメ」というような条件は必要ありません。

相手の年収とか容姿はあまり関係ないでしょう。やはりそれは飽きるものだし、変わるものだからです。結婚して「夫が20キロ太った、だまされた」という友人がいますが、それでも幸せそうです。

外見や条件を重視するより、自分が進みたい方向性、人生のノリが一緒の人を選んだほうがいいと私は思います。なぜなら、いま年収２００万円の人と結婚しても、二人で力を合わせたら、２０００万円稼ぐことも可能だし、そのほうが楽しいものです。

人生は長いのですから、一緒にゼロからつくっていけばいいくらいの気持ちがちょうどいいのではないでしょうか。

6

一生つき合える
親友を見つける

6

親友は簡単には手に入らない

親友を持つというのは、すばらしいことなのに、実は人生でもっとも難しいことの一つではないかと私は思っています。

たとえばお金を得るなら、がんばれば手に入る。仕事も努力すれば、なんとかなる。パートナーを得るのも、既婚率を見れば、それほど難しくないでしょう。

適当な友だちはいても、親友はというと、考えてみると「自分にはいないかもしれない」という人は案外、少なくないかもしれません。

「親友」の定義は、いま持っているものをすべて投げ出してもいいから、その人のところに駆けつける、その人を助ける、というようなことができるかどうか。

世界中のどこに行っても、その人のために何ができるかを考え、相手も同じように自分のことを思ってくれるのが、「親友」です。

親友を持てるかどうかは、その人の器が試されることでもあると思うのですが、そこまで考えられる友人というのはなかなか持てないものです。

たとえば、1万円だったら貸せる、でも、それ以上はちょっとできない……というのが普通の友だちの関係です。

それがいけないわけではありませんが、それ以上の信頼関係に基づいた「親友」を持つことは、人生のすばらしいギフトです。

でもそれは簡単には得られないもの。だからこそ、20代からそれをスタートしてほしいのです。

6

豊かな人生に絶対に必要なもの

一生つき合える親友を持つことは、たぶん人生でもいちばん大切なことなのではないかと思っています。

パートナー、家族が大事だということは、ほとんどの人が意識していると思います。しかし、友人、特に親友を持つことには、それほど重きを置いていないのではないでしょうか。

学生時代ならともかく、社会に出たり、自分の家庭を持つようになると、昔の友人とは疎遠になりがちです。なぜなら、友人というのは、生活していくうえでは、絶対に必要というわけではないものだからです。

たとえ、その存在を身近に感じていなくても、何も困ることはない。必要であるかないかといえば、必要ないものなのです。

でも、たとえば花があるだけで部屋が明るくなるように、「親友」がいるだけで、人生が豊かなものに変わるのです。

花をきれいに咲かせておくためには、水をやったり、いらない葉を切ったりといった手入れをしなければなりません。

ときには面倒に思うこともあるでしょう。

友情も同じです。

いつも会ったり、メールを交換したりする必要はなくても、ただ放っておいては友情を育てることはできません。

それを育むためにしなければならないことがあるのです。

6

「友人」から「親友」に変わるとき

友人との間は、これをしてあげたから、これをしてもらうというような、基本的には「ギブアンドテイク」の関係だと思います。

恋愛も一緒で、友人から恋愛関係になるときには、「この人のことが好きだ」という気持ちが、相手のためだったらどんなことでもやってあげられるという感覚に変わる瞬間があります。それがきっかけで恋愛関係になっていくのだと思います。友人が親友になるときも、同じように、損得を超えて、とにかく与えたいというふうに思える相手になるかです。単なるガールフレンド、ボーイフレンドが、生涯のパートナーになるのと似ています。

ただ、普通に暮らしていると、そういう劇的な瞬間というのは起きにくいかもしれません。

だから友情を深めていくときに、その友人の幸せを願っていろんなことをやってあげられるかどうかというのは大きなことではないでしょうか。

たとえば、私の親友の一人、望月俊孝さんのことを考えてみると、いろいろな学びを一緒に深めていく中で、お互いに損得を超えた世界にいけたと思います。彼と彼のパートナーがいなければ、私はこんなに幸せになっていないと心から感じています。彼らのためだったら、何だってやるでしょう。

自由に与えて自由に受け取りたい相手、それが彼だったわけです。

友人と親友の違いですが、友人は境界線を大事にします。嫌われたらどうしようとか、これって言いすぎかなと気になるときは、まだ友人関係です。

ある意味で、健康的で社会的な距離があるといえます。

それに対して、親友には「境界線」がありません。

家族のようにずかずかと相手の心の中に入っていって、失礼なことをたくさん言ったり、やったりするのが親友だと思うのです。

それを「こんなことまで言ってくれるんだ」と思って感動して受けとめられたら、そこから関係がぐっと深まります。逆に、「そんなことを言うなんてひどい」と思ったら、そこまでの関係といえるでしょう。

本音で何でも言い合えるかどうかというのは、相手をどれだけ信頼できているか、自分がどれだけ信頼されているかのバロメーターになります。

私が作家になったきっかけは、望月俊孝さんのきつい一言です。

育児セミリタイヤしていたときに、「自分たち家族だけが幸せになるのではなく、もっと多くの人と、幸せを分かち合ってほしい」と叱ってくれました。ふだんは温厚な彼があそこまで厳しく言ってくれなかったら、本を書くこともなかったかもしれません。

6

自分の命をかけて信じられる存在

親友をどれだけ信頼しているかということで思い出すのは、以前に翻訳した『億万長者に弟子入りして成功する方法』（大和書房刊）の中で紹介された、ナイアガラを綱渡りする人の話です。

事前に載った新聞広告を見て５０００人の人が集まり、綱渡りの達人は観客に「私が無事に渡れると信じる人はいますか」と聞きます。

観客は拍手で信じていることを示し、彼はそれをやり遂げます。

次に、観客の前に戻ってきた達人は、「私が手押し一輪車で渡れると信じる人はいますか」と聞きます。

観客はまた拍手で応援し、またも、彼はそれをやり遂げます。

そして最後に、「私が誰かを背負って渡れると信じる人はいますか」と達人は観客に聞きます。観客はさらに大きな拍手で信じていることを示しますが、そこで彼は聞くのです。

「誰か私の背中に乗る人はいますか」

この質問に誰一人拍手を送る人はいませんでした。しかし、彼の親友が、自分が彼の背中に乗ると言います。そして、彼は、無事ナイアガラを渡り、その親友は、おんぶされてナイアガラを渡った初めての人となりました。

私はこの話がとても好きです。

まさに親友とは、そういうものだと思うのです。

親友を信じて、たとえ命を落としてもかまわないと思えるような自分でありたいし、そんな親友を持ちたい。その存在は、あなたの人生に、言葉では表せないほどの勇気を与えてくれるはずです。

あなたには、背中に乗ってくれる人がいますか？

6 自分を高めてくれる「ライバル」を持つ

親友と同じように持つといいのがライバルです。

健全な意味のライバルがいると、やる気が自然にわいてきます。

自分がくじけそうになっても、「あいつなら、がんばるに違いない」と思うと、もう一息がんばれる、そんな存在を持っていると、自分の力以上の力を発揮できることがあります。

適度な競争というのは、人生のスパイスのようなものといえるかもしれません。

だから、ただ競争して、どちらが勝った、負けたの関係じゃない。お互いを磨き合う仲間という意味での「ライバル」を持ちなさいということです。

「男子三日会わざれば刮目《かつもく》して見よ」ということわざがありますが、これはもともと『三国志演義』に登場する武将・呂蒙《りょもう》が、君主から学問にも励めと言われ、数年後、知将で知られた別の武将が、あまりの成長ぶりに驚いたところから生まれた言葉です。

社会に出ると、親友、ライバルでも、毎日会うことは難しくなりますが、久しぶりに会うたびに、お互いに成長していると思えるような関係は、人生の宝物といっても過言ではありません。

『三国志演義』は武将の話ですが、男性に限らず、女性でも同じでしょう。

3日会わなかったらびっくりするぐらい相手が成長するというような関係を、親友やライバルと持つことができたら、これはすごく幸せなことだと思います。

親友やライバルを持つというのは、自分自身に厳しくなるという意味でもあります。

「あいつもがんばっているんだから」

「彼女もがんばっているんだから」

そう思って自分を奮《ふる》い立たせることができます。

「あいつにだけは負けたくない」となってしまうと、少しネガティブで不幸な感じになってしまいます。そうではなく、その人のことを考えると、自然と勇気が出てくる、会っていなくても、お互いに励まし合える仲間であることがすばらしいと思います。

その意味では、「ライバルを持つ」というのは、「常に励まし合う仲間を持つ」ということだといえるのかもしれません。

7
両親と和解する

7 あなたは自分の両親を愛していますか

あなたは、自分の両親に対して、どんな感情を抱いているでしょうか？

これまで私は、たくさんのカウンセリングやセミナーを受けたり、自分でも講師として、いろいろな人と接してきました。その中で、いちばん衝撃的だったのは、75歳の男性が、まるで小学生のように、自分の父親について不満を話し、「父のせいで、自分の人生はダメになった」と泣きながら語るのを聞いたことです。

75歳になっても、父親と和解できていないということがあるのです。

それはとてもつらく、悲しくて苦しいことだと思いました。

しかし、世間を見てみると、親子で断絶している人の多いことに驚かされます。「実家にはこの数年帰っていない」という人は結構たくさんいて、父親、母親とはこの３、４年話していないなんていう人もざらでしょう。

けっして、人当たりが悪くなく、そんなに問題がなさそうな人でも、両親や兄弟姉妹のこととなると、顔つきが変わるほど、感情的なしこりを持っていたりします。

心の中で両親と和解できていない人というのは、みなさんが思っているよりも、ずっと多いのです。あなたも、その一人かもしれません。

かくいう私も、かつては、家族と和解ができない人間で、学生時代から、父親と何度もぶつかり、何度も勘当されたことがあります。

「勘当なんて古くさいこと、するならしてみろ！」と、こちらも売り言葉に買い言葉で、もうメチャクチャでした。

関係が最悪だったのは、小さい頃から父の飲酒のせいで、暴力をふるわれた原体験から来ていました。近くにいたら、殺意を抱いてしまうと思ったので、できるだけ会わないようにした時期もありました。それぐらい関係が最悪だったのですが、いろいろな癒しが起きて、徐々に修復していきました。

父は数年前に亡くなりましたが、亡くなる前には、人間的にも深いところでつながり、和解することができました。

両親とは、いい関係を持ったほうがいいというのは、いうまでもないことのようですが、それには理由があります。

たとえば、両親と和解できていないと、人生で安心感を持つことができなくなります。ルーツを失っているようなもので、どこか殺伐《さつばつ》とした気持ちで生きなくてはいけなくなるのです。

私が学んだ最新の心理学では、父親と和解できていると、キャリアを積んだり、人生でさあ何かをやろうというときに、感情的な抵抗が少なくなります。

母親と和解できていると、いまの自分を受け入れることが楽になります。創造性を育んだり、人生を味わう、楽しむということが自然にできるようになるのです。

逆にいえば、自分は両親とは何の問題もないという人でも、その人のライフスタイルを見ると、どこが解け合っていないのかということがわかったりします。

たとえば、仕事ばかりに人生を費やしてしまう人は、母親と解け合っていない可能性があります。仕事の方向性がわからない、お金がなかなか入ってこないという人は、父親と解け合っていない可能性があります。

両親はいつまでも元気でいてくれるわけではありません。たいていは、自分よりも先に死んでしまうのです。亡くなってからでは間に合わないこともあります。

勇気を持って、和解する努力をしてみてください。

7

人生に後悔を残さないために

私が20代のときに、あるメンターに、「人生でいちばん後悔していることは何ですか」と聞いたことがあります。

ビジネスでも成功し、多くの友人がいて、すばらしい家族を持っている……という幸せな人生を築いている人でしたから、後悔していることなんてないのかもしれないと思いながら、あえて聞いてみたのです。

すると、意外な答えが返ってきました。

「私は若い頃に父親を亡くしたのですが、葬式に行かなかったことを、いまも後悔しています」

その人が言うには、お父さんがアルコール依存症で、小さい頃から殴られたりしていたそうです。それを恨んで、亡くなったという知らせを聞いても、どうしても駆けつける気持ちになれなかったというのです。

悲しいというような感情は持てなくて、むしろ死んで「ざまあみろ」と思っていたくらいだったそうですが、自分の癒しが進むにつれて、気持ちが変わってきたといいます。

愛情表現というものには、たとえば肌と肌の触れ合いというのが一つあります。

それはハグであったり、握手であったり、ちょっと肩をさわったりすることだと思いますが、彼の父親にとっては、それが殴ることだったのです。

そのお父さんも父親（彼から見た祖父）に殴られて育ったということが、あとから親戚の話でわかったそうです。

お父さんにとっては、殴る殴られるの関係で初めて愛情を感じるという状態になってしまっていたのでした。

「父は、自分のことが嫌いで殴っていたのではなく、殴ることでしか愛情を表現することができなかったことを知って、もっと早くにそれがわかっていれば、父との関係も変わっていたのにと思いました。もちろん、私の人生にも後悔を残すことはなかったでしょう」


そのメンターのお父さんのように、脅迫行動に駆られる人というのは、たいていの場合、家族の中に地獄の蓋のようなものがあることを感じています。それをなんとかして開かせないように、愛から、その上に座っていてくれるのですが、行動は破壊的になってしまっていることが多いのです。

「地獄の蓋」は、どんな家にもあるものです。

表に出したくない秘密があったり、誰かに対して後ろ暗いことがあったり、あるいは取る、取られるという関係があったり、極端な場合、それが殺意や暴力につながっていたりするわけです。

7

親子の間に癒しが起きると、人生は劇的に変わる

どこの家にもある「地獄の蓋」がガーッと開きそうになるときに、なんとかして、その蓋を押さえようとする人がいるのです。そういう人はたいていアルコール依存症になったり、不眠症になったりします。ネガティブなエネルギーと戦っているので、もう、それだけでフラフラです。

そのような状態ですから、仕事もちゃんとできない、子どもとの関係も殴るしかなかったのだと、私のメンターは気づいたわけです。

子どもに愛情がなかったのではなく、実は父親なりに家族を大事に思っていたことがわかったのです。

そのときにようやく父親に対する感謝の気持ちがわいてきたそうです。そし

て、息子に嫌われて、憎まれていたことで、父親として最悪の気分で死んでいっただろうと思うと、どんなに後悔しても、しきれないと感じました。

本当は父親のことを誇らしく思っていたこと、感謝していたこと、好きだったことを伝えたかったと、彼は言っていました。


私にも心当たりがあったので、そのメンターの話を聞いたあとに、とにかく父と話をしてみようと思いました。

父は、私のことが嫌いなわけではないのを知っていました。ただ、彼自身とても混乱していて、自分自身も愛せないし、人も愛せない。そんな状況の中で、苦しくてのたうちまわっていたのだということを、父と話をしてやっと理解できたのです。そこでようやく、父と和解ができました。

そして、そこから私の人生は劇的に変化していきました。

両親が元気なうちに、両親と和解しておく。20代でそれができたら、その後の人生を、安心感を持って進んでいけるのです。

8

自分のルーツを知る

8

知らずしらずに影響されていること

20代のときというのは、自分が生きるのに精一杯で、自分を生んでくれた人に対して考える余裕がありません。

でも、父と母、二人が生きているうちに、両親と和解したり、自分のルーツを調べたりしておくのは、とても大事なことだと思うのです。

なぜなら、それをすることで、そのあとの進むべき道を、自信を持って歩んでいけるからです。

また、自分を知るためにも、ルーツを調べておくといいことがあります。

たとえば父方の親戚が全員、教師だという場合には、自分にも何かを人に教える才能がある可能性があります。

母方の家は全員商売人だという場合には、知らずしらずのうちに、商売人のＤＮＡがすり込まれているということもあります。

つまり、そうした道に進めば、成功しやすいということです。

そうして自分の家族の周辺を調べていくと、自分のルーツが、自分の才能と関係していることに気づきます。


両親が何をやっていたか、その兄弟姉妹が何をやっていたか、祖父母が何をやっていたかというのは、意外と関係ないようで、実はいろいろな影響があるものです。

たとえば、お父さんはサラリーマンなのに、実業家で成功する人は、おじいさんの代で実業家だったり、代々政治家の家に生まれて反抗していたのに、結局あとで政治家になったりということがあります。

それまでやってきたことと、まったく違うことをやって成功する人がいますが、そのルーツをたどってみると、自分の考え方、生き方に、知らないうちに影響していたということがあるのです。

それを知らなかったら、思わぬところで障害に合うことがあると思います。たとえば学校の先生を両親ともやっている人がいて、なぜ教師なんてやっているんだろう、退屈だなと思っていても、ある瞬間に、自分も塾で教えて楽しかったことに気づいて、コンサルタントとしての才能に気づいたりするのです。

私も、自分自身を振り返って、思い当たることがあります。

私の父親も、祖父も、実業家でした。けれども、エネルギーが過剰なために、それをどう処理していいかわからなかったのでしょう。二人とも大酒飲みになったり、派手な女性関係を持ちました。

二人とも、若くして成功したのですが、どちらも後半の人生では飲んだくれて、からだと心を壊してしまったのです。そんな経緯から、私も若くして成功しても、その後お酒に飲まれるのではないかと不安に思っていました。

実際に、お酒を飲まなくても、アルコール依存症の父との葛藤の影響は計り知れず、20代の初めの結婚生活はうまくいきませんでした。離婚をきっかけに、自分を癒す必要があると初めて考えるようになり、自分と向き合う旅が始まりました。

その後、いろんな人に助けられ、心理学を学んだり、たくさんカウンセリングを受け、子ども時代からの痛みを癒していきました。

自分の癒しに時間をかけたおかげで、その後、いまのパートナーとも出会い、人生が開けていきました。結果的に、祖父や父と同じく若くして経済的に成功しましたが、いまのところとても幸せな生活が続いています。

自分のルーツのプラスとマイナスをしっかり理解することで初めて、自分のやるべきことが見えてきます。

8 ライフワークは親子三代で完成することもある

私は、現在「お金と幸せについてよりよく理解してもらう」ということをライフワークにしていますが、そこに至るまでには、自分の中で試行錯誤がありました。

前にもお話ししましたが、祖父は成功したのに、お酒に飲まれて、40歳すぎで亡くなりました。そしてその息子である私の父もまた、若くして成功したけれど、やはりお酒に飲まれて、からだを壊してしまいました。

「お金があっても幸せになれない」ということをさんざん小さい頃に味わって、「どうやったら家族が幸せになれるんだろう」と考えたのが、私の原点です。

「お金と幸せ」について、私ほど小さい頃から考えてきた人もそういないと思います。そういう意味では、家族の幸せについて深い気づきを得るために、親子三代――祖父、父親、私の人生があったともいえます。

経済的には豊かなのに、自分もまわりも不幸にするマイナスのエネルギーの暴力性を身をもって学びました。そして、それを癒したいという私の気持ちが、いまのライフワークのインスピレーションの元になっています。

父親も祖父も幸せで、健康的な人だったとしたら、いまのライフワークにも出合えなかったし、情熱もたいして持てなかったかもしれません。

そう考えると、親子三代の涙と悲しみと憎しみと癒しの物語というのは、自分の代で完結したという感覚があります。

そして、お金と幸せについてのライフワークは、祖父と父と私の3人がやっている共同創造であると思うのです。このライフワークは、親子三代にわたってしていることなんだと思うと、多少大変なことがあっても、乗り越える勇気をもらえます。

自分を癒す前に、自分のルーツを調べていったとき、「なんて父なんだ、祖父なんだ、僕もきっとそうなるに違いない」という恐怖に駆られたことがよくありました。実際に経済的に成功することは怖かったし、お金も怖かったけれど、自分を癒していくにつれ、父親と祖父のあり方というものを、受け入れられるようになりました。彼ら二人のおかげで、私は「幸せとは何だろう」と深く考えるきっかけをもらい、深い闇を癒すスキルと情熱の両方を手に入れたのです。その意味では、いまではとても感謝しています。

そして気がついたら、私はライフワークを生きていました。

たとえそれがどんなルーツであっても、自分の選択のしかたで、人生は変わっていくものです。

自分に最適な選択をするためにも、ルーツを知ることは大切だと思うのです。すぐには難しいかもしれませんが、あなたにも自分のルーツをぜひ調べてもらいたいと思います。きっと、そこから一生を通じて情熱を傾けられる何かが見つかることでしょう。

8

ここで生きていく確信をつかむ

自分のルーツを知ることは、生まれた目的をどう探すのかにつながります。

生まれた目的というのは、探すというよりは、ある瞬間に理解することだと思うのです。

「ああ、自分はこのために生まれてきたのか」

という気づきが腑に落ちてくるような感覚です。

だから、たとえばバックパックで世界中を旅行したら、インドの片田舎で見つかったというようなものではありません。

ある美容師さんからメールをいただいたのですが、その人は、お客さんから

「ありがとう」と言われたときに、「ああ、俺はこのために生まれてきたんだ」と感じたそうです。

その美容師さんは、「事実だけを見れば、髪の毛を切って感謝されたということなんだけど、ある瞬間に、俺はこのために生まれてきたんだって確信できた」と言うのです。

それはべつに美容師になるために生まれてきたというようなことではなくて、自分が誰かに何かを与えて感謝される、この瞬間のために生まれてきたんだという感覚をつかんだということです。

そうした瞬間を得られたかどうかで、その後の人生も全然違うと思います。たとえ、そのあとで、職業が変わっていってもいいのです。

「自分はこういうふうなことをやりたいんだ」

というのが深いレベルで理解できた瞬間を持てたことに意味があるわけです。たとえ、それが勘違いであっても、「これは自分が本当に生まれてきた目的かもしれない」という体験をすることは、とても大事だと思います。

8

生まれた目的が明確になると自分のビジョンに自信が持てる

30代、40代になると現実的な問題に追われるようになってしまうので、できれば20代のうちに本質的なことも一度は考えておく必要があるのではないかと思います。

その本質的なことの一つが、「なぜ自分は生まれてきたのか」ということではないでしょうか。

それを考えずに、ただ単に「仕事をする」「子育てをする」ということをしていると、あるとき、途中で、一気にむなしくなる瞬間があるのです。

でも、「なぜ自分が生まれてきたのか」ということに関して深く考えておくと、後々、何をしていても、自分がぶれたりすることはありません。

人生にはアクシデントやトラブルがつきものですが、何が起きても、人生観が安定している人は、その影響をまったく受けることがないのです。

けれども人生観が定まっていない人は、人から何か言われただけでも、落ち込んでしまったり、イライラしたり、怒ったり、悲しんだりしてしまいます。

だから、「なぜ自分は生まれてきたのか」「この人生で何をやりたいのか」ということを考えておく必要があるのです。

それを20代に深く考えておくと、「自分はこの分野でやっていくために生まれてきたのだ」という信念を持つことができます。

その信念があれば、多少批判されたり、否定されたりしても、全然気にならなくなります。自分はもっと高いビジョンでやっているんだということに、自信が持てるからです。

私は自分がすごくラッキーだったと思うのは、20代で、そういうことが大事だよと教えてくれる人がいたこと、そして、自分の人生はこうありたいというのを自分なりに明確に持っていたことです。

何かを始めるとき、他人はいろいろなことを言います。

家族も同じです。

人は自分が経験したことのないことをする人には反対するものです。

それは、みな変化が怖いからです。自分が変わるのも怖いけど、自分の身近な人が変わるのも、足元が崩れていきそうな怖さを生み出します。

多くの人は、そのストレスに耐えられません。その代わりに、変わろうとするあなたをコントロールしようとするのです。

そのときにぶれないで生きるには、自分にどれだけ信念があるかどうか。

どんな状況でも、「自分にはこれが大事だ」と信念を持てたことが、あとの人生をしっかり支えてくれたと、私は、いま振り返って思うのです。

9

才能のかたちを知る

9

自分の中にどういう才能があるのか

「自分の才能のかたちを知る」といっても、普通の人は「何それ？」と思うかもしれません。

たとえば、あなたは何をする人でしょうか？

ヒーラーなのか、文章を書く人なのか、物を作る人なのか、行動する人なのか、人と話す人なのか、こつこつ研究する人なのか。そういう「かたち」を知るということは、とても大事なことです。

才能の「かたち」というのはたくさんあります。

その人が持っている「原型」のようなものがあるのです。

たとえば、「物を作る」という原型を持っている人もいれば、「人を癒す」という原型を持っている人もいる。

「人に教える」という才能を持っている人もいれば、「歌う」「物を売る」という才能、そして、「コーディネートする」「プランする」という才能を持っている人もいます。

そういうふうに、「分析する」という才能を持っている人もいるかもしれません。

自分の中にどういう才能があるのかということを調べていくのも、20代にしておきたい、とても大切なことです。

どんな才能があるかは、仕事に直結するので、自分が何をやりたいのかということとリンクしてきます。

だから自分の才能のかたちを知っていくというのは、とても大事なことなのです。

9

自分の中の「好き嫌い」を感じる

年齢が上になるにつれ、心から大好きだ！　というものが減り、何でも大丈夫になってきます。なぜなら、「好き嫌い」の感度が鈍るからです。

でも20代のときは、まだ「好き」「嫌い」の感覚を持っているのです。だから、それを確認しておきましょうというのが、この項で言いたいことです。

「好き嫌いをなくしなさい」ということは、子どもの頃から、いろんな場面で言われたり、見たりしたかもしれません。けれど私は、あえて、そうではなく、「好き嫌い」を感じて、それをベースに大切なことを判断して生きてほしいとさえ思っています。

なぜ好き嫌いが大事かというと、それが自分を幸せにするかどうかを決めるからです。

人は、好きなことをやっていて、好きなものにかこまれて、好きな食べ物を食べていれば、それだけでハッピーになれます。逆にいうと、嫌いな人と一緒にいなければいけない状態で、嫌いな仕事をやって、嫌いな食べ物を食べていたら、すぐに病気になってしまうでしょう。

だから、自分は何が好きなのか、何が嫌いなのかということを感じることが大切なのです。何が楽しいのか、何が楽しくないのかを感じてください。

人の好みから、洋服、仕事の内容、食べ物すべてにおいて、好き嫌いを感じてみましょう。

そして、そこからどういう人生を生きたいのかを組み立てていけばいいのです。年齢とともに、趣味趣向は変わるでしょうが、それはそのときに考えればいいでしょう。

9

自分の向き不向きを見極めるコツ

自分の好き嫌いから自分の才能を探るということもできます。

人と会うのが大好きな人は、人間関係の才能があります。職業として、セールス、営業、コンサルティングなどをやると、うまくいくでしょう。物を作ったりするのが好きな人は、プログラマー、職人、設計士などに向いています。人間はどうしても嫌いなことは、長く続けることができません。だから、自分の好きなこと、嫌いなことをはっきりさせ、とことん好きなことに打ち込んだほうが、いい結果が出やすくなります。

自分の得意なこと、不得意なことがわかってくると、「ああ、自分はこういう才能を持ってるんだな」ということが見えてきます。

それを知るのは、やはり20代がベストです。30代になってしまうと、少し感性が鈍ってしまうので、できるだけ、早いほうがいいでしょう。

20代こそ、好きなものにはどんどんのめりこんでいってほしいと思います。嫌いなものは、やめたらいいのです。

全力でやってみても、必ずしもすべてがうまくいくとは限りません。人に向き不向きがあるというのは、否定できない現実です。

だから、やってみて、「自分には向いていない」と思ったら、やめたほうがいいということも知っておいてほしいことの一つです。

ダメだなとどこかで思ったら、そこで違う道を探すのもありです。

「石の上にも三年」という言葉もありますが、石の上に何も考えずに、3年もボーッと座っていてはいけないと私は思います。石の上で努力しながらも、違うなと思ったら、飛び降りましょう。

10

専門分野を持つ

10

一流を目指した人は、別の分野でも成功する

20代では、自分の専門分野を持つといってもピンと来ないかもしれません。好きなこと、進みたい道は漠然とわかっていても、それが自分の「専門分野」と言えるのか、自信が持てないという人は多いでしょう。

ここでいう「専門分野」とは、たとえば、「パンを焼いて生きよう」とか、「美で生きよう」とか、「雑誌で生きよう」とか、自分はこれだけはよく知っている、得意だということ、「これが自分の売りです」と言えるようなものです。

それを20代のうちから持つようにしてほしいと思うのです。

もちろん、それはあとになって変わってもいいのです。

私の友人の中には、最初はロケット工学からスタートして、あとでコンサル

ティングに行った人もいます。

大前研一さんのように、原子力発電に関わっていたのに、後に運命のイタズラで、経営の専門家として活躍する人もいます。

ソニーの元会長の大賀典雄さんは、元々は音楽のほうに進もうと思っていたのを、ソニーの盛田昭夫さん、井深大さんに「君は経営をやりなさい」と言われて、優秀な経営者になりました。

自分ではそうとは意識しなくても、何か自分の好きなことを見つけ、そこで100パーセントの力でやっている人は、結果的に、違う世界に移ったとしても、大きくなっていくということがあるように思います。

「これでいいのだろうか？」と考えずに、面白そうだったら、とにかく飛び込んで、とことんやってみてください。

10

この社会の中で自分は何をするべきか

幸せな人というのは、「自分が誰か？」ということをよくわかっている人だと思います。

彼らは、自分の持っている才能を、いちばんいいかたちで輝かせています。

それがお医者さんであれ、パン屋さんであれ、自分が選んだ道を極めている人が、幸せに豊かになるというのが、いまの世の中の法則だと思います。

そういう意味で、社会で自分が何をやっていきたいのかということを20代のうちから見つけていると、スタートを早く切れます。

いずれにしろ、20代で決めなくてはいけないのは、自分は何をして社会とのつながりを持つかです。

あなたが社会に貢献したものが、そのまま、あなたの人生に返ってきます。

だから、あなたが何を与えていくのかがとても重要になってきます。

では、そのために何をするのか。

私は、20代の初めに、社会のしくみを知ってお金の流れをマスターするために「会計」という仕事を選びました。


30代以降は世の中にインパクトを与えられるようなことをやりたかったので、20代のうちに、お金がどう流れているのか——クリーニング屋さんではどうお金が流れるのか、設計事務所ではどうお金が流れるのか、レストランではどうなのか、中小企業だったらどうお金が流れるのか、どれぐらい税金を払って、どういうふうにお金が分配されていくのかということを見ておきたいと思ったのです。

10

社会のしくみもよく見ておく

どんなに才能や情熱があっても、社会のしくみを知らないと、それを生かすことができません。

たとえば、従業員としての仕事、自営業としての仕事、ビジネスオーナーとしての仕事、投資家としての仕事、それぞれ何が違うのか。

お金に恵まれる人、恵まれない人、その違いは何なのか。

運がいい悪いとは、どういうことなのか。

そうした「社会のしくみ」を知っておく必要があります。

羽振りがいい社長がいて、外車に乗っているけれど、実は内情は火の車で大変だという人もいます。逆に、国産のボロボロの車に乗っているのに、何億も資産を持っている堅実な経営者とも会ったことがあります。

人は外見で判断できないという事実も知っておくといいでしょう。

また、お金に汚い人、お金にきれいな人、お金を上手に稼ぐ人、上手に使う人——いろいろな人たちがいて、そういった人たちはどういうふうに生きているのかということも、つぶさに観察しておきましょう。

そうして、自分はこういうふうに生きたいなというかたちが、おぼろげながらも見えてくるのが20代です。

社会のしくみを知るとは、お金持ちになれるのはどういう人間か、世の中のお金の流れはどうなっているのか、どうやったらお金の流れを生み出せるのかを知ることです。それを20代のうちに学ぶか学ばないかが、その後の人生に大きな差を生んでいくように思います。

これらを学んでいくうえで、とても大事なのが、次章に挙げるメンターの存在です。

11

メンターを探す

11

メンターの質が人生を決める

「メンターって何だろう?」と思った人も多いかもしれません。

メンターとは、「人生を導いてくれる先生」を意味する言葉です。欧米では、自分の専門分野を持っている人には、ほぼ全員メンターがいます。「自分にはどういうメンターがいるのか」ということがよく話題に出るほどです。

日本では、「師匠と弟子という関係」は古くさくて敬遠されるようになっています。いまは落語や茶道、華道、相撲、歌舞伎といった伝統芸能などか、大学の研究室ぐらいでしか、メンターと弟子の関係は見られなくなっています。

しかし、日本でも、幸せに成功している人は、必ず一人や二人、そういう人を持っています。ビジネスについて教えてくれたり、人間としてどう生きたらいいか、折に触れて指導したりアドバイスしてくれる存在です。

あなたの人生は、あなたが教えを受けるメンターの質によって決まるといっても過言ではありません。多くの人は、メンターというものを持っていないと思いますが、それがまさしく彼らが、幸せでも豊かでもない人生を生きている理由でもあります。

人生が山登りだとしたら、メンターは、ガイドのような存在です。あなたぐらいの若い頃に、あなたと同じような問題に悩み、それを解決してきた人です。その人からアドバイスをもらえれば、同じ間違いをしなくてすみます。

「メンター」とは、自分の人生がよりよくなるサポートをしてくれる人です。

若くして成功しても、すぐにダメになる人は、いいメンターを持っていない人です。逆に、安定的に成功している人には、すばらしいメンターがいます。

そう簡単には見つけられないものですが、20代のうちから、自分のメンターになる人を探しておくことはとても大事なことだと思います。

11

いいサンプルも、悪いサンプルも見ておこう

20代のときには、できるだけたくさんの人生のサンプルを見ておくのがいいと思っています。

たとえば、お金持ちの人、お金のない人、心優しい人、厳しく冷たい人、人を押しのけてでも成功しようとする人、人に譲りすぎてひきこもっている人……いろんな生き方のサンプルを見て、自分はどの人生を送りたいのかを考えましょう。自分で見て、接してみることで初めて、「自分はこの生き方は嫌だ、こっちがいいな」ということが見えてくると思います。

ほとんどの人は、「いまの人生はなんか嫌なんだけどな」というので終わっているのです。いまが嫌なことはわかっているけど、じゃあ、どれがいいかと

いうことになったら、その「どれがいいか」のサンプルがなさすぎるのです。

でも、いい例も悪い例もたくさん見ておくと、自《おの》ずと「こういう人生を生きたい」と思うようになるのではないかと思います。

私は20代の頃から、いろんな人たちと会ってきました。

首相経験者やトップクラスのビジネスマンたちとも身近に接する機会がありましたが、「この人は、一国のリーダーになるような人だけど、あまり幸せそうじゃないな。ちょっと退屈かも」と感じることがありました。

学生だったり、20代だと、相手も安心して、いろんな側面を見せてくれます。これが30代以降になると、大人として扱われてしまうので、自由に出入りすることが難しくなります。

私が、そうやって出会ったうちの一人は、有名ではないけれど、まわりの人たちから「オヤジ、オヤジ」と慕《した》われて、子どもたちにも好かれていました。

まわりにはニックネームで呼び合うような友達もいっぱいいて、「ああ、こんな人になりたいな」と感じさせるような人でした。

そういう「感じたこと」をサンプルとして収集していくのです。

そのサンプルが多ければ多いほど、自分がどういう人になりたいのかを決めるための選択肢が多くなります。人を見るとき、その人の社会的地位やお金や洋服、雰囲気といったものに惑わされないことです。

そうして、いろんな人に会っていくうちに、自分はどういう人になりたいのかというのが定まってくると思います。

私の場合も、社会的な地位より、どれだけ身近な人を大事にして、まわりから大事にされているのかが、人を見る基準になりました。そういうふうに見ると、多くの成功者が、実は、「寂しい成功者」だということがわかってきます。それがわかったら今度は、「どうやって生きたらいいのか」を考えればいいのです。

私の場合は、幸せでかつ成功しているメンターを探すことが、とても大切なステップだということに気づいたのです。

11

メンターの探し方

サンプルをいろいろ見たあと、だいたいの方向性は見えてくると思います。物を作って人に喜ばれる、物を売って感謝される、文章を書いて楽しんでもらうなど、いろんな生き方があります。

大切なのは、あなたが憧れる存在です。お店を経営してお客さんにかこまれている人を尊敬するのか、運転手つきの車に乗っている経営者が格好いいと思うのか、あなたの理想をイメージしてみましょう。そして、あなたの憧れの基準が、そのままメンター選びにつながってきます。

最初から、有名な人を狙ってはいけません。なぜなら、有名人には忙しい人が多いし、普通の人のメンターになることはまずないからです。

身近にいる人で、あなたにいろんなことを教えてあげてもいいと思ってくれるような人に弟子入りしましょう。といっても、いきなり相手の家に住み込んだり、鞄《かばん》持ちをするということではなく、お茶をごちそうになったり、話を聞きにいくだけでいいのです。知り合いになるところから始めてみてください。

メンター選びで気をつけないといけないのは、幸せな人を選ぶことです。

以前、ビジネスで成功している人に弟子入りしようと思ったときのこと。「成功の秘訣は何ですか？」と聞いたところ、「家族のことを忘れて、仕事に打ち込め！」と言われて、びっくりしました。

秘書の人に聞いてみると、彼は奥さんと別居していて、子どもたちも寄りつかないとのこと。その会社では、人が絶えず入れ替わるようで、秘書の方も最近勤めはじめたばかりだからよくわからないと言ってました。

そんな人に弟子入りしたら大変です。ビジネスでは成功できるかもしれませんが、自分も不幸な成功者になってしまうと思って、慌《あわ》てて逃げ出しました。

11

メンターをアップグレードする

メンターは、あなたの成長のステージによって変わってきます。たとえば野口英世は、小学生のときは小林栄先生、医師になるときは血脇守之助医師、アメリカに留学したときはフレクスナー教授をメンターとしています。

それぞれのステージで、教えてもらえることは違ってきます。

小学生のときの先生がどんなにすばらしい先生でも、「卒業」は必ずやってきます。けっして不義理をしていいというわけではありませんが、あなたの成長の段階に合わせてメンターを変えていくというのは必然なのです。

メンターがバランスの取れた人なら、あなたの卒業を心から祝福してくれますが、やっかいなのが、感情的に混乱したメンターです。

あなたが離れていくときに、痛みを感じて、怒りをあなたに向けるかもしれません。そういうとき、目の前が真っ暗になるような苦しさを覚えることもあるかもしれませんが、あなたのメンターも同じなのです。親離れ、子離れと同じように、適度な距離をうまく取れるかやってみてください。


メンターには、プラスのメンターと、マイナスのメンターがいます。

あなたが離れることを伝えたら、表面的には、あなたに敵意をむき出しにしたり、破門すると脅してきたりすることがあるかもしれません。

そんなときでも、礼儀をわきまえ、筋を通して生きられるかどうかが、あなたの次のステップへの試練といえます。

いままで教えてもらったことに心から感謝して、静かに離れましょう。そうして、いろんなものを乗り越えていくことが、あなたの成長の糧《かて》となります。

もちろん、可能ならメンターといい距離を保ちながら、一生深いつき合いを続けてください。親友と同じで、メンターはかけがえのない存在になります。

12
人生が変わる本と出合う

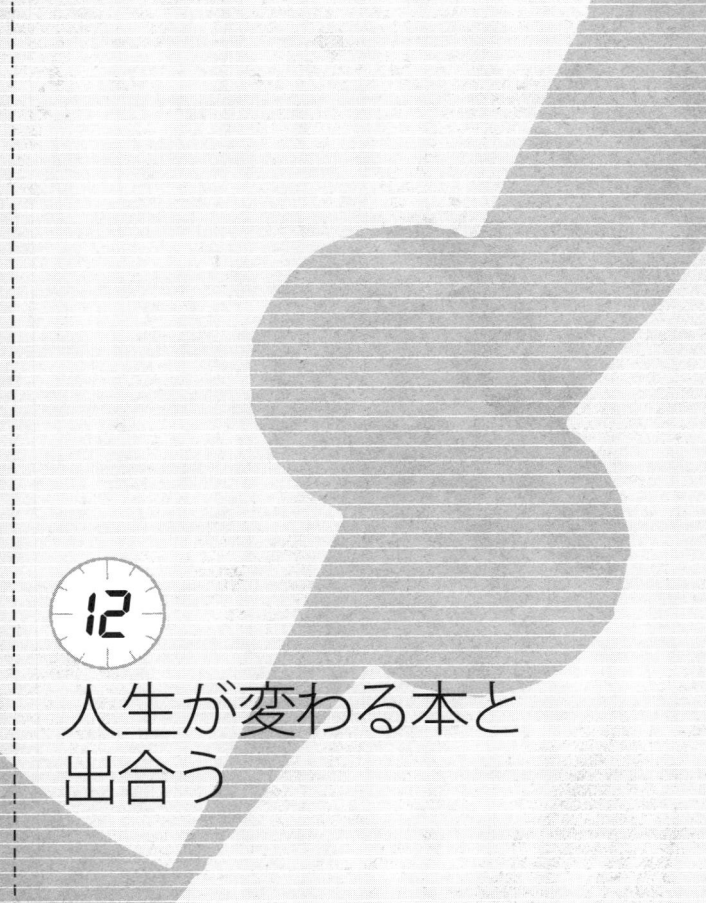

12

20代の読書のしかたで、今後の人生が決まる

「若いときにもっと本を読んでおけばよかった」というのは、よくいわれることです。

人生を変えるきっかけというのは、そんなにバリエーションはありません。劇的なものでは、肉親や自分の病気、あるいは、身近な人の死、リストラなどがあるでしょう。

私の場合でいうと、人と会ったとき、本を読んだとき、あるいは映画を観たときの3つが、特に大きかったということができます。

その3つのうち、人と会うというのは案外効率が悪くて、「すごい！」と思うような人は、あんまり多くありません。有名人や、お金持ちの人でも、一緒に話をしてみると、「何この人？」ということもあります。全然尊敬できなかったり、話がかみ合わなかったりということが少なくないのです。私の経験では、有名な人で、実際に会ってみるとがっかりするケースは、半分を超えるのではないかと思うほどです。

それに比べると、本は「当たり」が多く、はずれても、それにかかった時間とお金はたかが知れています。

20代のときに出合った本で、いまでも人生に影響を与えてくれているものは、すぐにでも何冊も挙げられるほどです。

そういう意味では、自分の人生を大きく変えてくれる本といかに出合うかというのは、とても大事なことだと思います。

自分の経験で振り返るなら、20代には、とにかく自分の栄養になりそうなものを読んでいくことをおすすめします。

12 時間がないことを読めない理由にしない

私が20代のときには、本は、手当たり次第、推理小説からミステリー、ビジネス、自己啓発、宗教書など、本なら何でも読みました。

20代でも、始めと終わりとでは、その忙しさも違いますが、それでも、30代、40代になって振り返ると、20代には自由時間がたくさんあります。

たとえば、子どもと一緒にいる時間、パートナーと一緒の時間を考えても、20代以降に、自分だけの時間はそう取れなくなります。

20代は忙しいようで、いちばん時間の自由がある時代でもあるのです。

つい忙しくて読む時間がないと思いがちですが、テレビを見るだけじゃもったいない。何を優先するかだと私は思います。

12

20代で読んでおきたい17冊

本というのは、出合いだと思っているので、一人ひとり、その出合いは違っていい。だから、ここでは参考として、私自身がすごく影響を受けたものを挙げたいと思います。

『富の福音』アンドリュー・カーネギー
『思考は現実化する』ナポレオン・ヒル
『アルケミスト』パウロ・コエーリョ
『人生の答えはいつも私の中にある』アラン・コーエン
『あなたに成功をもたらす人生の選択』オグ・マンディーノ

『ホワンの物語』ロバート・J・ペトロ
『自分の小さな「箱」から脱出する方法』アービンジャー・インスティチュート
『ソース』マイク・マクマナス
『となりの億万長者』トマス・J・スタンリー&ウィリアム・D・ダンコ
『ザ・シークレット』ロンダ・バーン
『引き寄せの法則』エスター・ヒックス&ジェリー・ヒックス
『本当に好きなことをして暮らしたい!』バーバラ・シェール
『子ども時代の扉を開く』アリス・ミラー
『そろそろ、本気でお金持ちになってみませんか』ボード・シェーファー
『ずっとやりたかったことを、やりなさい』ジュリア・キャメロン
『愛とは、怖れを手ばなすこと』ジェラルド・G・ジャンポルスキー
『人間は自分が考えているような人間になる!!』アール・ナイチンゲール

挙げていくとキリがないのですが、カーネギーの本『富の福音』は、自分の

人生は自分でつくれるんだという考え方に、まさに目からウロコが落ちるというのを実感しました。それまで、人生というのは翻弄《ほんろう》される中で、なんとかやっていくものだと思っていたからです。しかし、そうじゃない。ゼロから自分の人生を切り開くことができるというふうに思えるようになったのは、この本がその始まりだったと思います。自分の人生をゼロからつくれるという、一種悟りにも似たような感覚を得たのが、この『富の福音』という本でした。

自分のものの見方、感じ方……人生観というものができていったのも、やっぱりそういう読書がきっかけです。

20代では、自分の人生は自分が主人公だということに気づく、そんな良書に出合ってほしいと思います。

12

学びのプロセスに無駄なものはない

手当たり次第に本を読んだとお話ししましたが、人によっては、そうして読んでいくうちに、ある本や考え方にはまっていくこともあるでしょう。

それが必ずしも、自分にとってよいものであるとは限りません。

しかし、本に限らないことですが、「出合い」はすべて、その人のふだんの生き方の反映です。

本ではなくラジオで考えるなら、その人の「周波数」で、聴く番組、出合うものが変わってきます。生き方がひねくれた人は、その周波数に合ったものに出合い、反応します。それは、しょうがないことでしょう。

私はそれも悪いことではないと思っているのです。

たとえば、だまされて初めて、世の中の現実を知るということがあります。だから、すべては学びのプロセスとして、だまされたり、ひどいことをされたり、親切な人に出会ったり、いろんな体験があるわけですよね。

そのすべての体験が人生だから、どれがよい悪いというレッテルを貼らないほうが楽しめるんじゃないかと思います。

いいものだけしか欲しくない、出合いたくないと思うのは当然です。でも、特に20代は、あとで不必要なもの、無駄だと思うものにも、出合ってみてもらいたいものです。

自分にとっていいかどうかを吟味《ぎんみ》するよりも、とりあえず、本でも仕事でも、人でも、それに触れてみることで、わかることがある。人に裏切られた痛みを体験すると、人の信頼を何よりも大切にしようと考えるようになるでしょう。すべて、無駄なことはないと思うのです。

12

「正しい」か「間違い」かで考えないこと

私は子どもの頃から本が好きで、20代には、それこそ数えきれないくらい本を読みました。

いつのまにか読む立場から、書く立場になりましたが、本を書くときには、できるだけ断定しないように心がけています。何が正しいとか、間違いとかいうのは、私の本の中には一切入っていないはずです。

なぜかといえば、それを決めるのは、それを読む本人だと思うからです。

何が正しくて何が間違いかというのは、「自分」が決めることであって、誰か他の人が決めることではありません。また、別の言い方をするなら、物事を正しいかそうでないかだけでとらえないことも大事です。10人いれば、そこには10通りの真実があります。10通りの幸せもあるわけで、まわりがとやかく言うことではありません。

20代は、とかく批判的になりがちで、誰かと会うと、「あの人のここはダメだな」などと傲慢に判断してしまう。でも、一旦受けとめたうえで、自分がどう感じるのか、じっくり見てみましょう。

それは、本でも同じことです。どんな本を読んでも、そこに何が書いてあるかよりも、自分がそれを読んでどう感じたか、ということに意味があります。

自分にとって、その本がどれだけインパクトがあったのか、あるいは、なかったのか。それを記憶しておくこと、胸に刻みつけることが、自分の生き方や夢を見つける「出合い」になると思うのです。

13

質問力を鍛える

13

ピンチに陥ったとき、自分にどんな質問をしていますか

私は、人生でもっとも大切なスキルの一つに、質問力というのがあると思っています。なぜなら、質問をする力がそのまま人生をつくるからです。

私たちは、意識しないうちに、自分に質問を投げかけています。

たとえば、恋愛がうまくいかないとき、「ああ、なんで私には恋人ができないんだろう？」と口にしてしまいます。

すると、聞かれてもいないのに、あなたの潜在意識は、これを大切な質問だと認識して、これも無意識のうちに、答えを出そうとします。

そして、その結果、「それは、自分に魅力がないから」「収入がないから」

「才能がないから」など、実はちょっと自分でも気にしているマイナス点が、どっと出てきます。この頃までには、気分が悪くなったり、ますます落ち込んだりという症状が出ているはずです。

自分が無意識に出した答えをプリントアウトして見たわけではないのに、そのインパクトは、十分に感じていて、ど～んと落ち込んでいくのです。外から冷静にこの様子を見ていれば、自分でお題を出して、ボケて突っ込んで落ち込む、ひとり漫才のようです。

しかし、私たちの多くが、小さい頃から、実はこのように、自分にネガティブな質問を繰り出して、自分を精神的に打ちのめす癖を持っています。

「なぜ、私は勉強ができないんだろう?」
「なぜ、才能がないんだろう?」
「どうして、運動できないんだろう?」
「どうして、英語の発音が悪いんだろう?」

など、その質問をする時点で、もう「自分はできない」「才能がない」ということが既成事実になってしまうのです。

ピンチに陥ったとき、普通の人は、「もうダメだ。なんでこんなことになったんだろう?」と嘆きながら、自分に聞いてしまいます。すると、ピンチを引き寄せた理由ばかりが意識に上ります。

幸せな成功者は、自分に実によく考えられた質問をします。「このピンチから学べることは?」「このピンチから脱出する方法は?」など、本人がワクワクして行動できる質問をするのです。

落ち込んだ人は、クリエイティブな解決策を思いつくことができません。でも心が自由な人は、いくらでもアイデアを出せるのです。

13

日常的にしている質問が、あなたの未来をつくっている

いい質問をすることは、とっても大事なことです。

なぜなら、あなたの質問は、あなたの運命をつくっているからです。

あなたが不用意に、「なぜ、自分はこんなに才能がないんだろう？」という質問を自分にした途端、あなたは、才能のない人としての人生を生きる運命を選んでいることになります。すごい才能があるかもしれないのに！

逆に、「どうすれば、いまの状態から私の才能を開花させられるだろう？」と聞くことができれば、あなたは、才能あふれた人として生きる運命を切り開いたことになるのです。

この質問力のインパクトがわかった人は、ぜひ自分の日常的にしている質問

を書き出してみてください。私も、このことを最初に聞いたのは、20代前半でしたが、何個か書き出しただけで、怖くなりました。たった数個書き出した時点で、最悪の人生を生きている未来の自分が、はっきり想像できたからです。

では、これを機会にピンチ脱出のための質問を一緒に作ってみましょう。

これさえあれば、あなたは、万が一のときに慌てずにすみます。

「このピンチから脱出するために、必要なことは?」
「誰に助けを求めたらいいだろう?」
「この状況で学ぶことは?」
「いまの人生に感謝できることは?」

これからのあなたの人生が、一生順風満帆というわけではないと思います。自分がピンチに陥ったとき、落ち着いて考えられるための質問を用意しておきましょう。それが、飛行機が落ちる際のパラシュート、あるいは保険のように働き、あなたを助けてくれるはずです。

13

人を幸せにする質問、不幸にする質問を知っておく

人と一緒にいるとき、その人との会話は、実は質問の連続で成り立っているのに気づいたことはありますか？　なんなら、友人とのたわいもない会話を録音して聞いてみたらいいでしょう。

「昨日、何食べた？」といったことから、「なんで、それを彼に言わないの？」というシリアスなことまで、会話は質問だらけです。その質問のしかたで、そのコミュニケーションの質が決まっているのです。

相手が気持ちよくもっと話してみようかなと思う質問もあれば、不快な気持ちにさせる質問もあります。そのあたりをよく考えて、慎重に相手に聞く質問

を選ぶようにしてみましょう。驚くほど、会話の質が高まると思います。

あなたは、ふだん、どういう質問をしているでしょうか？

ひょっとしたら、自分の可能性を制限するような質問をしているかもしれません。それでは、自分で自分の未来に呪いをかけているようなものです。

さて、今度は、あなたの人生を切り開く質問もつくってみましょう。

「自分に天才性があるとしたら、それは？」

「最高の人生を生きるとしたら、自分の未来は？」

「自分の夢を実現するのに、助けてくれる人は？」

「これから、どんな奇跡が待っているのだろう？」

このあたりの質問方法については、『ピンチをチャンスに変える51の質問』（大和書房刊）という本にまとめてあるので、一度手に取ってみてください。

14

お金と時間の管理を学ぶ

14

限られた「資産」をどう運用していくか

20代の「お金」と「時間」の投資のしかたで、それ以降の人生が決まってきます。

若いうちは、お金にしても、時間にしても、すごく限られています。

ある詩人が、「若い頃はお金と時間がない。でも情熱はいっぱいある。歳がいくと、お金と時間はあるけれど、情熱がない」と書いていました。

だから、情熱はあるけど、お金と時間はない20代に、それらをどうやりくりして未来の自分をつくるのかということが大切なのです。

時間というのは、すべての人にとって平等で、貯めることができません。

それをどのように使うのか慎重に考えましょう。

14

消費と投資の割合を知る

お金と時間には、それぞれ「消費のお金、消費の時間」と「投資のお金、投資の時間」というのがあります。

「消費のお金、消費の時間」といわれても、よくわからないかもしれません。わかりやすくいうならば、何かをしたあとで、「なんか知らないうちに時間を使っちゃったな」「なんかわかんないけど、お金を使っちゃったな」というのが「消費」です。

将来自分がやろうと思うことにつながるお金や時間の使い方ができれば、それは「投資のお金、投資の時間」になります。

べつに小遣い帳をつけろ、家計簿をつけろということではありません。

お金を使うとき、時間を使うときに、意識して、「これはそのうちに返ってくるかな？」というふうなことを考えておくことです。

そうしないと、お金も時間も、だらだら垂れ流しのように消費してしまいがちです。かといって、世知がらくなってもいけません。なぜなら、お金も、時間もある程度の遊びがないと、うまく使えないものだからです。

お金にしても、時間にしても、あなたの限られた資産です。それをうまく使いこなせるようになると、もっと与えられます。

収入は、あなたの器に応じて入ってくるものだし、時間も上手に使える人には、もっと時間をくれるサポートがやってきます。

具体的には、あなたの掃除をやってくれるお手伝いさんだったり、秘書だったり部下だったりが、あなたに時間をプレゼントしてくれます。そうして、「もらった時間」を上手に使いこなして、もっと、あなたにしかできないことに使うと、お金も、時間も、ますますあなたの元に集まってきます。

14

お金とどうつき合うかが、未来を決める

あなたは、お金と健康的につき合っていますか？

お金との関係は、3種類しかありません。お金の奴隷になるか、主人になるか、パートナーになるかの3つです。

お金の奴隷とは、お金のために、何かをするという状態です。生活のために嫌な仕事をしていたとしたら、あなたはお金の奴隷になっているわけです。

また、お金さえあれば人をコントロールできると思ったり、何でもお金で解決しようとしているときは、お金の主人になっています。

お金とパートナーになるというのは、お金を親友のように扱っている人をイメージするとわかりやすいでしょう。たとえば海外旅行に行きたいなど、あな

たのやりたいと思うことをすべて段取りしてくれる友人のような存在です。

お金の奴隷になったり、主人になっている人は、お金に対して感情的なバランスが悪い人たちです。お金を恐れて卑屈になっていたり、お金さえあれば、何でもできると傲慢になりがちです。

そうではなく、お金を親友のように扱うことができれば、人生はもっと愛に満ちたものになります。友人や家族に愛情を示すときに、きれいにお金を使える人は、お金とパートナーになっている人です。

気持ちよく稼ぐか、怒りながら稼ぐか。また、使うときも、気持ちよく、感謝して使えるか、「本当は払いたくない」と思いながら使うのかでは、全然精神状態が違ってきます。

お金に関しては、いままでたくさん本を書いてきましたので、どれか1冊読んでみてください。きっと、お金とつき合うのが楽になると思います。

14

知識と知恵に投資しよう

お金を増やすうえで投資は大切だといわれますが、中でも私がいちばん大切だと思うのは「知識と知恵」に対する投資です。

知識と知恵は、この社会において、自分が幸せに生きるために必要なスキルです。そう、幸せは、ただそう感じるだけでは、それを得たことにはならないのです。お金や時間に拘束されないで、本当の豊かさを得るために、お金と時間の知識と知恵を学びましょう。

「知識」には、社会のしくみ、法律、お金の流れや心理学などがあります。

これを身につけることで、普通の人の何倍もの速さで、成功をつかむことができるのです。

しかし、知識がすぐに実践で使えるわけではありません。知識に経験が加わることで初めて「知恵」になります。

「知識」と「知恵」を生かしていくためには、自分が何をしたいのか、誰としたいのか、どこでしたいのかを明確にしなければなりません。


自分の進みたい方向が見えたとき、自分に必要な知識と知恵もわかるはずです。自分には、どういう知識が必要かさえわかれば、いくらでもそれを得る手段はあります。まわりにその知識を持っている人がいないか探せばいいのです。知恵も同じです。自分にどういう知恵が必要かさえわかっていれば、あとはそれを持っている人を探しましょう。

いちばん大切なのは、「自分に何が必要なのか」を知る感性なのです。

15

没頭できる趣味を持つ

15

趣味なんて必要ない?

趣味というと、余った時間でやるもの、老後にやるものだというイメージがあるかもしれません。でも、そうではなくて、若いうちから趣味を持つことで、その人の人生を豊かにしてくれることがあります。

仕事では、能率とか実績を追い求めがちです。

家族との人間関係でも、してあげたり、してもらったりという、ある種の利害関係になりかねません。

友人の関係も、やはり基本はギブアンドテイクで、何かしてもらったら、してあげなければと思うものです。これが一方だけに偏《かたよ》ると、バランスが崩れて、友情として成り立たなくなったりするからです。

それらに比べて、「趣味」というのは、そういうものからまったく解き放たれた自由な世界といっていいでしょう。

能率を考えれば、それは、ものすごくよくないものです。

その趣味にはまればはまるほど、お金と時間を失います。

だから20代のうちは「趣味を持つな」という人もいるかもしれません。

でも、20代で、「これだけは自分の人生ではずせないんだ」というものを持ったら、私は、長い目で見れば「急がば回れ」になるのではないかと思います。

また、人生の意味を考えたとき、趣味はとても大事な輝きを持ちます。なぜなら、人生は「楽しむためにある」からです。

どれだけ能率よく仕事をしていたとしても、楽しくなかったら、それは奴隷のような人生です。

逆に、お金に恵まれなくても、「毎日楽しくてしかたがない」と感じる趣味を持っている人は、それだけで幸せな人だといえるでしょう。

15

趣味が本業につながる可能性がある

『釣りバカ日誌』では、何よりも釣りが好きなハマちゃんが、社員としてはダメでも、釣りができることで会長と親しくなります。あれは漫画の世界ですが、現実にも、似たようなことは、案外よく聞きます。

私の出版界のメンターである櫻井秀勲さんは、女性誌の神様といわれる方で、ご自身も170冊を超える著書を出版しています。

若い頃は文芸誌の編集者で、松本清張や三島由紀夫、川端康成など錚々《そうそう》たる先生方の担当をしていたそうです。

子どもの頃から将棋が得意だった櫻井さんは、将棋をきっかけに親しくなって、作家の先生から原稿をいただくこともあったと話していました。

将棋をやるようになったのは、あくまでも趣味で、それが仕事に生きるなんて思ってもいなかったそうです。それが思いがけず、「芸は身を助ける」ことになったと笑って話してくれました。

趣味仲間というのは横のつながりがあったりするので、そういう意味では、いい趣味を持っていると、上の人に引っ張られる可能性もあるし、そこで面白い人を紹介されることもあります。すばらしいパートナーと出会う可能性もあると思います。

だからサーフィンでも料理でも、何でもいいと思うのです。

「しょうもないな」と思うようなことであっても、その趣味を持つことで、自分の人生に役立ってくれることがあるかもしれません。

同時に趣味は、人生をより楽しいものにしてくれます。

それが本業になる可能性だって、ないとはいえないのです。

15

人生のチャンスをつかむスキル

「芸は身を助ける」という話を前に書きましたが、「一芸に秀でる」ということも、人生のチャンスをつかむスキルになります。

たとえば会計士の勉強をするとか、危険物取扱いの免許を取るとか。実際にその職業につくかどうかは考えなくてもいいのです。そこで学んだ知識が、思いもよらないシーンで役立つことがあります。なので、将来有利になるかではなく、「面白いか、どうか」で選ぶといいでしょう。

私は、20歳過ぎで通訳のスキルを身につけましたが、そのおかげでトップクラスの人たちに可愛がってもらえました。

世の中で生活していくうえで必要なスキルというのは、それこそ数えきれないほどありますが、その一つを20代のときに身につけておくと、30代以降がすごく楽になるのです。

それはたとえば、人間関係のスキルもそうだし、お金のスキルもそうです。セールスのスキルもそうだし、何かをまとめていくスキルもそうだし、パーティを主催するというようなスキルもあると思います。

それは学校に行ったりしなくても、週末に、知り合いの店を手伝いに行くことでも、ボランティアで翻訳をやることでも身につくものです。

私は20代の頃、週日に会計の仕事をやり、週末には、セミナーの運営ボランティアをやっていました。そのおかげで、セミナー会社をやることになったとき、必要なことは、すべてできるようになっていました。

誰かから、「○○やってみない？」と誘われたら、とにかくやってみましょう。それが、いつどういうかたちで役に立つのか、いまはわからなくても、何年後かには、やっていてよかったと思うときがきっとやってきます。

16
異文化に触れる旅に出る

16

自分が動いた範囲だけ、意識が広がっていく

自分の家と学校、家とオフィスとの往復だけでは、まったく意識が広がりません。

たとえば海に行ってみる、山に行ってみる、生活している場所とまったく違う文化圏、海外に行ってみると、それだけで大きな刺激を受けるでしょう。

たとえ海外でなくても、たとえば沖縄の文化は、他の地域の文化と全然違います。そういうところに行ってみて、自分とは違うアクセントで言葉を話しているのを聞いたり、違う食べ物が市場に並んでいるのを見ただけで、ふだんと違うところが刺激されるはずです。

ときには、旅先で出会った人の言動にびっくりしたり、腹を立てたりということもあるかもしれません。

「なぜ、そんな考え方するの？」とか、「よくそんな自分勝手なことを言うな」と思ったときに、「ひょっとしたら彼は自分勝手なのではなくて、本音を言っただけなのかもしれない」と考えてみてください。

こちらが遠慮していただけということもありえます。

「だったら、こんどは自分のことを話してみよう」という気になるもよし、そうやって初めて自己主張というものを学んだりするわけです。

新しい文化や人に触れることで、刺激を受け、自分が知らなかった世界を体験するにつれ、自分の意識も広がっていきます。

そして、もっと自分のやりたいことや好き嫌いについて、はっきりものを言ってみよう、行動に移してみようという意欲がわくのです。

15

海外に住むという経験を持つこと

家庭の事情が許して、チャンスがあれば、海外にしばらく住んでみるのも、20代でしておきたいことの一つです。

そうすることで、「世界」は日本だけじゃないなということがわかるし、自分がどう生きたいのかも感覚的に理解できると思うのです。

たとえばアメリカに行って大きな家に住んだら、そのメリット、デメリットがわかります。大きい家に住むことはよくても、アメリカは町そのものが大きいから、ちょっとショッピングに行こうと思っても、いつも車を出さないといけない。「緑が豊かな地域で大きな家に住む」のと「気軽にショッピングしたり、カフェに行く」のと、両方を取るというのは難しいことがわかりました。

実際に、違う文化とか違う国に住んでみたら、自分の望んでいるものが何なのかということもはっきりわかってきます。

お昼寝する習慣がある文化に行ってみると、「お昼寝はいいな」と思う。しかし、買い物する側にまわると、不便このうえないわけです。

私自身、数年海外で住んでみて、日本のよさを再認識しました。海外に住んだ体験がなかったら、日本のすばらしさをいまほど実感しなかったでしょう。

「本当は、海外に行きたかった」とか、「本当は田舎じゃなくて、別の場所に住みたかったのに」と思いながら過ごしている人は多いと思うのです。

実際やってみたから、「いや、海外に住むのも、いいところもあったけど、不便なこともあったし、いろいろ考えて、いまはこっちのほうがいい」と言えるようになり、いまの生活により満足できているように思うのです。

一度住んでみたいと感じるところがあれば、とりあえず行ってみましょう。

16

いままでに体験したことのない世界を体験する

私の海外での体験ですが、文明社会と隔絶《かくぜつ》された村にしばらく住んだことがあります。

すべて手作りで、電気も通っていないので、当然ですが電化製品もありません。トイレもないので、どこでもどうぞ。お風呂は川で自由に洗いましょうという感じです。

でも考えてみれば、つい百年前までは日本だって、そんなに変わらない生活だったはずです。いまは、お金で何でも買えるようになって、お金さえあればいい生活ができます。逆にいえば、お金がなくては死んでしまうという感覚も身についてしまっているのではないかと思います。

でも、電気もない村で暮らしていると、「仕事で結果を出せなくても死ぬわけじゃないし、困ったら、ここに戻ってきて仲間に入れてもらおう」という感覚になりました。

しばらく土と戯《たわむ》れる生活をしていたら、こういうふうに生活していくことも可能なんだという心の余裕もできました。自分がまったく体験したことがない世界を折に触れて体験するのは、とても面白いのではないかと思います。

これはべつに海外旅行だけじゃなくて、職業にもいえます。

私は20代のときに、いろんな人たちのつてをたどって、職場を訪問しました。たとえば弁護士、お医者さん、クリーニングのチェーンのオーナー、大学の先生など、面白そうだなと思う人たちのオフィスにお邪魔して、その人たちがどういう働き方をしているのかを見せてもらいました。その結果、自分がいちばん面白そうだと思う仕事を選ぶことができたのです。

16

本当の貧困を知れば、いまの状況に感謝できるようになる

20代で旅に出ると、その後の感性が変わってくるように思います。

20歳のときにアメリカに行って、大富豪と一緒に暮らすという経験をしましたが、帰国後、貧困も知らないといけないと思って、仲間を募ってフィリピンに行きました。トップクラスの豊かさを知ったり、世界でもっとも過酷な労働といわれるさとうきび畑で、地元の人に交じって働いてみたりしました。

フィリピンのスラム街を訪ね歩いて、まったく希望もなく、お金もなく、尊厳もない暮らしをしている人たちのところでボランティアもしました。そして、自分はなんて狭い世界しか知らなかったのかと思い知りました。

それまでの私にとって「世界」とは、自分とまわりの人たちでつくっているものでしたが、まったく違う国の違う社会システムの中で、日本のことなど何も知らない人たちがいっぱいいるわけです。その現実に打ちのめされました。たとえば、朝から晩までゴミだけを集めて生活している人たちがいるわけです。毎日せっせと働いたからといって、次の日から給料が上がるわけでもありません。逆に安く買い叩かれて、収入がない日もあります。そうなると、ごはんは食べられない。そこまで将来がない、苦しい現実から逃れる出口がない状況というのは、どんなに不況だといわれる日本でも、あまり考えられないでしょう。

そんな生活が小学生から始まって、よほどの何か、奇跡が起きない限り、そこから出られることはないのです。

日本に帰ってきて、屋根があって雨がしのげることだけで、どれだけありがたいか実感しました。その体験があるから、たとえ風呂なしのアパートに住んでも、少しも気にならない。ありがたいと感じる「最低線」が下がったのだと思います。自分の中の最低線とは、自分が幸せを感じられるギリギリの状態ということです。

不便な生活をしていると、おまけでついてくるものもあります。たとえば、お風呂のついているアパートに住んでいる友人に、お風呂を借りにいくのがうまくなりました。気軽に泊めてもらったり、ごちそうしてもらうのが上手になったのも、そういう体験のおかげです。

「ごはんが1日1回食べられるだけでもいい」「命の危険にさらされないだけありがたい」「安心して生活できる、そういう空間があるだけでも、なんて幸せなことなんだ」ということを体験するためにも、海外に出ることは有益だと思います。

17

運についで学ぶ

17

運のいい人、悪い人はどこで分かれるのか

運のいい人、悪い人は、世の中に存在します。

それは20年以上生きたあなたなら、気づいているでしょう。

あなたの友人、知人の顔を思い浮かべながら、運のいい人たちのグループ、運の悪い人たちのグループに分けてみてください。

この人たちは、どこがどう違うのでしょうか？

運がいい人たちは、幸せ度、経済的自由度が高く、人間関係も上手にこなしているものです。逆に、運の悪い人というのは、ストレスの多い生活を送っています。それは、金銭的なトラブルが原因かもしれませんし、人間関係に問題が起きているのかもしれません。

才能、学歴が同じような人たちだとしても、運のよさ悪さで、人生はずいぶん変わってしまいます。

人間の運というものは、とても面白いものです。私も、ごく小さい頃から運に興味を持ちはじめ、いろんな人を観察するようになりました。

ふだん、何となく運といっているものに、本人が生まれたときにある程度決まっている宿命と、本人が変えられる運命の二つがあります。この違いを見極めてください。持って生まれた才能や、家の経済状態などは、変えられません。しかし、それをどう生かすかは、あなた次第です。

人生を幸せに生きるためには、3つのものが必要です。

自分で変えられないものを受け入れる強さと、変えられるものを変えていく勇気と、その違いを見分ける賢さの3つです。

人生では、どうしても望んでいないことが起きます。それは、受験の失敗や、勤めていた会社が倒産したり、買収されたり、失恋というのもそうです。

そういったときに、「どうして自分はこんなに運が悪いんだろう？」と思ったら、ますます悪い運を引き寄せます。

逆に、「ここから、何をやればいいんだろう？」と考えると、運が開けてきます。これは、一生を通じて役に立つ質問だと思ってください。

どんな逆境であっても、あなたの人間性、情熱、努力でひっくり返すことは、可能です。

力強く生きていく人は、運の悪さを跳ね返せるのです。だから、目の前の出来事に、一喜一憂しないことが大事です。なぜなら、それ自体があなたの人生を決めるわけではないからです。

あなたの人生を決めるのは、その状況に対して、あなたがどう感じ、考え、行動するかだけです。けっして、出来事自体がその決定要因になっているわけではありません。

「自分の運命の主人」になれる人だけが、最高の運を呼び込めるといってもいいでしょう。

17

3つの運を意識しておく

私は、若い頃、メンターに「3つの運を持ちなさい」と教えられました。
「3つの運」とは？

（1）上から引っ張り上げてもらう運
（2）横から支えてもらう運
（3）下から持ち上げられる運

自信がある人は、自分の力を頼りにします。だから、ひとりよがりになりがちです。何かしてもらわなくても、一人でやり遂げられると思っています。

それはけっして悪いことではありません。けれども安定的に成功しようと思ったら、一人ではダメなのです。助けてもらうことで、あなたが本来持っている運（力）が何倍にも大きく育っていきます。

それには、3つの運を上げることです。

年上に可愛がられ、仲間に応援され、下の人たちが、あなたのためだったらと駆けつけてくれる……そんな人間になることです。

運のいい人にもいろいろいますが、たいていは、この3つのうちの、どれか一つしか恵まれていません。でも、他の二つとのバランスも大事なのです。

たとえば、目上から可愛がられる人は、仲間からは浮いてしまっているということはありがちです。それでは、寂しいですね。

だから、3つの運をいつも意識しておきましょう。

目上だけ見ていてもダメだし、仲間や下の人たちだけもダメです。

3つの運がそろって初めて、あなたは幸せに成功することができます。

17

他力本願では人生は上昇しない

運がよくなりたい、ラッキーな人生を送りたいと思っても、ただタナボタを待っているだけでは、何も落ちてきません。

運さえあれば成功できるのに、うまくいくのにと考える人には、人生の転機はやってこないのです。

第4章では、「自分がワクワクすることを100パーセントやりきる」ことが大切だという話をしました。運をよくするのもこれに尽きるといっても過言ではありません。

他力本願では、運もチャンスもやってこないのです。

幸運は、やるべきことをふだんからしっかりやっている人に贈られる、ご褒美のようなものです。

一夜にして成功するという言葉がありますが、そんな奇跡は起こりません。

これは『強運を呼び込む51の法則』(大和書房刊)にも書きましたが、ある有名な映画俳優が、アカデミー賞の授賞式で、「人は私が一夜にして成功したと言うが、その夜は20年も長かった」と語ったそうです。

運は、人生の動きの中にしか起きてきません。

自分の中の気を動かしてください。それが、やる気、元気になっていきます。

本を読んだり、映画や芝居を観て、心を動かしましょう。

散歩をしたり、旅行に出たり、人に会ったり、からだを動かすのです。

それが、あなたの「運の木」を育てる栄養になるでしょう。

運を味方につけて、最高の人生を送ってください。

17

直感を信じてチャンスをつかもう

運を語るとき、忘れてはいけないのが、直感のパワーです。

あなたが何か、新しいことを始めるとき、または、やめるとき、あなたのまわりの、いろいろな人がアドバイスをくれるでしょう。

そのアドバイスは、どれも、あなたのことを思う心から発せらたものでしょう。けれども、人生には、それらの雑音の中で、自分のハートの声だけを聞いて、走り抜けなければならないときもあります。

そのときには、自分の直感を信じてください。

どんなに無謀なことだと思われても、試してみる価値はある。そう思えたら、挑戦してみるのです。

それができるのが、20代なのです。

どんな失敗も挽回できると前に書きました。

捨てるものも失うものも、まだまだ多くないはずです。

やってみて、たとえすべてを失っても、そこからまた始められるのです。

人生は、冒険です。船は港を離れ、大海を航海するために造られています。

港にいれば難破することもなく安全ですが、それでは、単なる水遊びです。

チャレンジすることを恐れないでください。

ワクワクすることをやってください。

あなたが本当に楽しいと思えることをやってください。

アップルコンピューターの創立者スティーブ・ジョブズが、スタンフォード大学の卒業式でのスピーチを締めくくった言葉をみなさんに最後にプレゼントします。

Stay hungry, Stay foolish!

ハングリーであれ、馬鹿であれ！

おわりに

自分の幸せの哲学を持つ

20代にしておきたいこととは、結局のところ、「人生をどう幸せに生きるのか」を考えながら、その基盤をつくることに尽きます。

それは、自分にとって「幸せとは何なのか」を明確にしていくステップともいえるでしょう。仕事だけを考えていたとしたら、もったいなさすぎます。

人生には、いろいろなことが起きます。お金、友人、家族、仕事など、感情的に揺さぶられる要素がいっぱいあります。

あなたを幸せにすることも起きるし、不幸のどん底につき落とすことも起きます。

ある人を幸せにする行動が、他の人には不幸になるということもあります。
幸せは、人それぞれ、違うわけです。

たとえば住む場所ひとつとっても、幸せを感じる場所は人それぞれです。都会が好きな人……人や車が行き交っているところに住むのが好きな人にとっては、人がいるところに住むということが幸せにつながります。すぐ映画も観にいける、演劇も観にいける、ごはんを食べにいけるというライフスタイルが、幸せの要素になるわけです。

けれども、できるだけ自然の中で暮らしたい……森に住みたい、海の近くに住みたい、車の音が聞こえたら嫌だという人にとっては、都市部の生活は地獄以外の何ものでもなく、不幸せの要素になるわけです。

人とどうつき合うのかということに関しても、前向きな人とつき合うのが楽しい人もいれば、静かな空間で、あまり話もしないほうがいいという人もいます。

みんなで競争し合って活気のある職場にいたほうが活性化する人もいれば、みんなができるだけ助け合って、いたわり合うような職場のほうがうれしい、働きやすいという人もいます。


自分にとって何が幸せなのか？

どういう仕事をやれば、楽しい人生になるのか？

お金は、どれくらい稼ぎたいのか？

友人とは、どういう関係を持ちたいのか？

自分にとって家族はいたほうがいいのか、いないほうがいいのか？

子どもは欲しいのか、欲しくないのか？

どこに住むと、ワクワクして毎日をエンジョイできるのか？

年代によって感じ方は変わるかもしれませんが、いまの自分にとってどうなのかということを考えておくことは、後々すごく役に立つと思います。

あなたの幸せを決められるのは、あなただけです。

また、幸せかどうかを感じられるのも、あなただけです。他の人の基準は、あなたには当てはまりません。

幸せになるためには、仕事やお金を先に得る必要があると考える人も多くいますが、賢明なあなたは、まず、人生の本質について考えるという視点を持っていてほしいものです。どうか、あなたが、自分にとって真の幸せを見出し、すばらしい人生を送れますように。

一時的に苦しくなっても、心配しないでください。すべてはよくなります。20代でしかできないワクワクするような毎日を送ってください。

あなたの幸せを心から祈っています。ベストなタイミングであなたに会えるのを楽しみにしています。

では、よい航海を！

２０１０年４月　　本田　健

本田 健（ほんだ・けん）

神戸生まれ。経営コンサルティング会社、ベンチャーキャピタル会社など、複数の会社を経営する「お金の専門家」。独自の経営アドバイスで、いままでに多くのベンチャービジネスの成功者を育ててきた。育児セミリタイア中に書いた小冊子「幸せな小金持ちへの8つのステップ」は、世界中130万人を超える人々に読まれている。『ユダヤ人大富豪の教え』をはじめとする著書はすべてベストセラーで、その部数は累計で400万部を突破し、世界中の言語に翻訳されつつある。

本田健公式サイト
http://www.aiueoffice.com/

だいわ文庫

20代《だい》にしておきたい17のこと

著者　本田《ほんだ》 健《けん》

二〇一〇年四月一五日第一刷発行
二〇二〇年一月五日第七二刷発行

発行者　佐藤 靖
発行所　大和《だいわ》書房
東京都文京区関口一－三三－四 〒一一二－〇〇一四
電話 〇三－三二〇三－四五一一

装幀者　鈴木成一デザイン室
本文デザイン　椿屋事務所
編集協力　ウーマンウエーブ
本文印刷　シナノ
カバー印刷　山一印刷
製本　ナショナル製本

ISBN978-4-479-30283-4
乱丁本・落丁本はお取り替えいたします。
http://www.daiwashobo.co.jp